Frank Hanninger

Betriebswirtschaftliche Standardsoftware für kleine und mittlere Unternehmungen (KMU)

Auswahl, Einführung und Anpassung

Bibliografische Information der Deutschen Nationalbibliothek:

Bibliografische Information der Deutschen Nationalbibliothek: Die Deutsche Bibliothek verzeichnet diese Publikation in der Deutschen Nationalbibliografie; detaillierte bibliografische Daten sind im Internet über http://dnb.d-nb.de/ abrufbar.

Copyright © 1999 Diplomica Verlag GmbH
Druck und Bindung: Books on Demand GmbH, Norderstedt Germany
ISBN: 9783838616315

http://www.diplom.de/e-book/217510/betriebswirtschaftliche-standardsoftware-fuer-kleine-und-mittlere-unternehmungen

Frank Hanninger

Betriebswirtschaftliche Standardsoftware für kleine und mittlere Unternehmungen (KMU)

Auswahl, Einführung und Anpassung

Diplom.de

Frank Hanninger

Betriebswirtschaftliche Standardsoftware für kleine und mittlere Unternehmungen (KMU)
Auswahl, Einführung und Anpassung

Diplomarbeit
an der Universität des Saarlandes
März 1999 Abgabe

***Diplomarbeiten* Agentur**
Dipl. Kfm. Dipl. Hdl. Björn Bedey
Dipl. Wi.-Ing. Martin Haschke
und Guido Meyer GbR

Hermannstal 119 k
22119 Hamburg

agentur@diplom.de
www.diplom.de

ID 1631
Hanninger, Frank: Betriebswirtschaftliche Standardsoftware für kleine und mittlere
Unternehmungen (KMU): Auswahl, Einführung und Anpassung / Frank Hanninger ·
Hamburg: Diplomarbeiten Agentur, 1999
Zugl.: Saarbrücken, Universität, Diplom, 1999

Dipl. Kfm. Dipl. Hdl. Björn Bedey, Dipl. Wi.-Ing. Martin Haschke & Guido Meyer GbR
Diplomarbeiten Agentur, http://www.diplom.de, Hamburg
Printed in Germany

Diplomarbeiten **Agentur**

Wissensquellen gewinnbringend nutzen

Qualität, Praxisrelevanz und Aktualität zeichnen unsere Studien aus. Wir bieten Ihnen im Auftrag unserer Autorinnen und Autoren Wirtschafts-studien und wissenschaftliche Abschlussarbeiten – Dissertationen, Diplomarbeiten, Magisterarbeiten, Staatsexamensarbeiten und Studien-arbeiten zum Kauf. Sie wurden an deutschen Universitäten, Fachhoch-schulen, Akademien oder vergleichbaren Institutionen der Europäischen Union geschrieben. Der Notendurchschnitt liegt bei 1,5.

Wettbewerbsvorteile verschaffen – Vergleichen Sie den Preis unserer Studien mit den Honoraren externer Berater. Um dieses Wissen selbst zusammenzutragen, müssten Sie viel Zeit und Geld aufbringen.

http://www.diplom.de bietet Ihnen unser vollständiges Lieferprogramm mit mehreren tausend Studien im Internet. Neben dem Online-Katalog und der Online-Suchmaschine für Ihre Recherche steht Ihnen auch eine Online-Bestellfunktion zur Verfügung. Inhaltliche Zusammenfassungen und Inhaltsverzeichnisse zu jeder Studie sind im Internet einsehbar.

Individueller Service – Gerne senden wir Ihnen auch unseren Papier-katalog zu. Bitte fordern Sie Ihr individuelles Exemplar bei uns an. Für Fragen, Anregungen und individuelle Anfragen stehen wir Ihnen gerne zur Verfügung. Wir freuen uns auf eine gute Zusammenarbeit

Ihr Team der *Diplomarbeiten* Agentur

Dipl. Kfm. Dipl. Hdl. Björn Bedey –
Dipl. Wi.-Ing. Martin Haschke ––
und Guido Meyer GbR ––––––

Hermannstal 119 k ––––––––
22119 Hamburg ––––––––

Fon: 040 / 655 99 20 ––––––
Fax: 040 / 655 99 222 ––––––

agentur@diplom.de –––––––
www.diplom.de ––––––

Inhaltsverzeichnis

Abbildungsverzeichnis

Abkürzungsverzeichnis

1 Standardsoftware für Klein- und Mittelständische Unternehmen (KMU), der Wachstumsmarkt 2000

Der Markt für Standardsoftware ist nach wie vor ein Wachstumsmarkt, der viel Raum auch für kleinere Anbieter läßt. So wurden allein in Europa 1996 1,5 Milliarden Dollar mit Softwarelizenzen umgesetzt. Es wird erwartet, daß der Markt bis weit ins nächste Jahrtausend jährlich um 20 bis 25 Prozent wächst. Bedingt wird dieser Boom insbesondere durch die Euro-Einführung und die Jahr 2000-Problematik, sowie einer neuen Softwaregeneration, die funktional erweitert in Richtungen wie Geschäftsprozeßorientierung, Verstärkung der Kundenbindung, Verdichtung der Lieferkette oder Globalisierung des Softwareeinsatzes geht.

Die Vielzahl der Anbieter macht es vor allem den kleineren Unternehmen, die keine DV-Fachleute haben, schwer, die richtige Standardsoftware für ihren Betrieb auszuwählen,[1] zumal sich die Anforderungen von kleineren und mittelständischen Unternehmen an die Standardsoftware kaum von denen der großen Unternehmen unterscheiden, jedoch einen engeren finanziellen Spielraum aufweisen. Die Standardprogramme der kleinen Softwareanbieter können dabei durchaus mit denen großer Anbieter hinsichtlich ihrer Softwaretechnologie mithalten. Dies gilt ebenso für das Problem des Datumswechsels im Jahr 2000. 95 Prozent der Standardpakete sind für das Jahr 2000 gerüstet, während die kleinen Anbieter teilweise noch, ähnlich wie einige große Anbieter, damit beschäftigt sind, den Euro in ihre Programme einzubauen.[2] Die Erstellung maßgeschneiderter Software bzw. Eigenentwicklung spielt im Jahr 2000 kaum noch eine Rolle; waren bislang 30 Prozent einer Lösung durch Anwender spezifisch gestaltet, sollen um die Jahrtausendwende Eigenentwicklung bzw. Veredelungsarbeiten nur noch 10 Prozent des gesamten Marktes ausmachen, während 90 Prozent aus käuflich erworbenen Bausteinen bzw. Komponenten bestehen.

Die komponentenbasierte Software ist eine Weiterentwicklung der objektorientierten Ansätze, bei welcher die komponentenbasierten Lösungen der großen Anbieter in der Zukunft durch Komponenten kleinerer Anbieter ergänzt werden können.[3] Diese neue Generation der Standardsoftware erleichtert es, eine den Ansprüchen eines Unternehmens gerechte Standardsoftware zusammenzustellen, erschwert jedoch auch die Auswahl, da es nicht genügt, lediglich einzelne Anbieter, sondern ganze Anbietergruppen untereinander zu vergleichen.

Standen bisher die großen Betriebe im Mittelpunkt des Interesses der großen Anbieter von Standardsoftware, so rückt nun die mittelständische Kundschaft an deren Stelle, da die Großbetriebe bereits ausführlich durchrationalisiert sind und die Marktsättigung fast erreicht ist. Zudem wird erwartet, daß die KMU's in Zukunft stärker wachsen werden, als in der Vergangenheit, zumal in Europa 83 Prozent der Beschäftigten in Unternehmen mit weniger als 500 Mitarbeitern beschäftigt sind.

---

[1] Wesseler, B.: SAP-Wettbewerber haben in Zukunft gute Karten. In: Computer-Zeitung 29 (1998) 3, S.: 21.

[2] o.V.: Für den Mittelstand gibt es oft gute Alternativen von kleinen Firmen. In: Computer-Zeitung 29 (1998) 34, S.: 19.

[3] Born, A.: Software aus Komponenten soll Wartung erleichtern und Funktionalität erhöhen. In: Computer-Zeitung 29 (1998) 18, S.: 20.

Auch ist die Ausstattung an Hard- und Software wesentlich schlechter als bei großen Unternehmen, so daß hier ein weiteres Wachstumspotential von den Softwareherstellern erschlossen werden kann. Die großen Anbieter von Standardsoftware versuchen, diese Nachfrage durch eine neue Vermarktungsstrategie, welche maßgeschneiderte Lösungen für die jeweilige Zielbranche vorsieht, zu befriedigen. [4]

1.1 Ziel und Aufbau der Arbeit

Die Arbeit gliedert sich in fünf Kapitel. Nach der Einleitung erfolgt in Kapitel 2 die Einführung der grundlegenden Begriffe. Es werden zunächst die KMU von Großunternehmen abgegrenzt. Danach erfolgt eine Definition des Begriffes Standardsoftware und seine Abgrenzung von sonstigen Softwarearten. Dabei wird auch eine Gegenüberstellung der Vor- und Nachteile, welche die Anschaffung einer Standardsoftware gegenüber einer Individualsoftware mit sich bringt, vorgenommen.

In Kapitel 3 werden zunächst einige grundlegende Phasenmodelle zur Auswahl und Einführung von Standardsoftware vorgestellt und ihre nur bedingte Einsatzfähigkeit festgestellt. Aufbauend auf der Kritik an den herkömmlichen Phasenmodellen soll dann eines entwickelt werden, was die Stärken der herkömmlichen Phasenmodelle unter Berücksichtigung eigener Erfahrungen aus der Praxis und Befragungen von Softwareherstellern und Softwareverbänden vereint und als Leitfaden für KMU bei der Auswahl und Einführung einer neuen Standardsoftware dienen soll.

In Kapitel 4 soll das in Kapitel 3 entwickelte Vorgehensmodell insofern angewandt werden, als es für ein Kleinunternehmen der Textilbranche ein Pflichtenheft erstellt und eine neue Standardsoftware ausgewählt wird.

Im letzten Kapitel werden die Ergebnisse der Arbeit zusammengefaßt und ein Ausblick auf zukünftige Entwicklungen des Marktes für Standardsoftware gegeben.

---

[4] o.V.: DV - Nachholbedarf macht Mittelstand interessant. In: Computer-Zeitung 29 (1998) 16, S.: 25.

2 Einführung grundlegender Begriffe

In diesem Kapitel sollen die Begriffe KMU und Standardsoftware definiert werden und von anderen Begriffen aus derselben Begriffswelt abgegrenzt werden.

Zunächst werden KMU von Großunternehmen nach zwei unterschiedlichen Merkmalen abgrenzt, den qualitativen und den quantitativen Merkmalen. Bei den qualitativen Merkmalen geschieht dies mit Hilfe eines Merkmalskataloges. Bei der anschließenden quantitativen Abgrenzung erfolgt die Einordnung von KMU zunächst in allgemeine Größenklassen, die dann, in Größenklassen unterteilt, nach Wirtschaftszweigen eingeordnet werden.

Die Definition des Begriffes Standardsoftware soll durch eine sukzessive Eingrenzung des Begriffes Standardsoftware erfolgen. Dies soll zunächst durch eine Einordnung in die DV-Unterstützung und den Bereich der Anwendungssoftware geschehen. Danach sollen sowohl die Unterschiede sowie Vor- und Nachteile zwischen den Begriffen Standardsoftware und Individualsoftware herausgearbeitet werden.

2.1 Definition und Abgrenzung des Begriffes KMU

Da sich die Auswahl und Einführung von Standardsoftware dieser Arbeit nur auf eine bestimmte Gruppe von Unternehmen bezieht, muß der Nachweis erbracht werden, daß diese sich hinreichend identifizieren und abgrenzen läßt. Erst wenn dies geschehen ist, ist es möglich, eine auf diese Gruppe, den KMU, gerichtete Gestaltungsempfehlung bezüglich der Einführung, Auswahl und Anpassung von Standardsoftware abzugeben. Durch die Abgrenzung der KMU von Großunternehmen werden auch die finanziellen und personellen Restriktionen, denen sie unterworfen sind, deutlich, welche insbesondere bei der Auswahl der Standardsoftware eine große Rolle spielen.[5]

Maßstäbe für die Messung der Betriebsgröße können ein- oder vieldimensional sein. Die Messung an einer Dimension (z.B.: der Umsatz) kann relativ genau sein, läßt aber keinen Einblick in das Wesen des Betriebes zu. Im Gegensatz dazu können mehrdimensionale Maßstäbe den Einblick in das Wesen des Unternehmens verbessern, erschweren jedoch die Anforderungen an das Messen.

Analog dazu haben qualitative Kriterien gegenüber den quantitativen Merkmalen den Vorteil, daß diese den Einblick in das Wesen des Unternehmens erleichtern, im Gegensatz zu den quantitativen Kriterien jedoch wesentlich schwerer einem Unternehmen zuzuordnen sind.

---

[5] Vgl.: Stadelmann, M.: Informationstechnologie als Hilfsmittel der Führung in Klein- und Mittelunternehmen (KMU). Stuttgart, Wien 1996. S.: 11.

Eine weitgehende anerkannte einheitliche Abgrenzung der KMU von den Großunternehmen gibt es nicht. Vielmehr ist die Wahl einer bestimmten Abgrenzung von den verschiedenen Zwecken abhängig, für die sie gebraucht werden. In Bezug auf die Einführung von Standardsoftware spielen einerseits die finanziellen und personellen Rahmenbedingungen, die sich an den quantitativen Merkmalen ablesen lassen, eine große Rolle wie andererseits die qualitativen Merkmale, die einen Einblick über das teilweise nur geringe vorhandene Fachwissen im DV-technischen Bereich (bei KMU) geben.

2.1.1 Qualitative Merkmale

Bei der qualitativen Abgrenzung von KMU zu Großunternehmen wird ein Unternehmen als KMU bezeichnet, wenn es ein bestimmtes Mindestmaß an Merkmalen aus einem Merkmalskatalog erfüllt. Dabei muß ein Unternehmen nicht alle Merkmale erfüllen, um als KMU klassifiziert werden zu können. Im Gegensatz dazu reicht es nicht aus, nur einige wenige der unten aufgeführten Merkmale zu erfüllen, vielmehr kommt es auf das Gesamtbild der erfüllten Merkmale an. [6]

Kleine und mittlere Unternehmen lassen sich von Großunternehmen im folgenden Merkmalskatalog (vgl. Abbildung 1) nach folgenden Merkmalen unterscheiden: Unternehmensführung, Personal, Absatz, Organisation, Beschaffung & Materialwirtschaft, Produktion, Finanzierung sowie Forschung & Entwicklung. Diese und andere qualitative Merkmale wurden unter anderem von Kellerwessel und Hering bei der Gegenüberstellung von kleinen und mittleren Unternehmen gegenüber Großunternehmen teils empirisch abgesichert und teils aus Plausibilitätsgründen heraus getroffen. Mithilfe dieser Kriterien sollen das Wesen und der Charakter kleinerer und mittlerer Unternehmen dargestellt werden. Ebenso können qualitative Merkmale herangezogen werden, wenn ein Unternehmen nach den quantitativen Merkmalen nicht eindeutig den kleinen und mittleren Unternehmen oder den Großunternehmen zugeordnet werden kann, d.h. die einzelnen Größen des Unternehmens sich im Grenzbereich befinden.

Zu beachten ist bei dieser Aufzählung qualitativer Merkmale, daß in Ausnahmefällen sowohl KMU-typische Merkmale auf Großunternehmen, als auch die Merkmale für Großunternehmen auf KMU zutreffen können.

Eine weitere möglicher Ansatzpunkt für die qualitative Abgrenzung ist die Entwicklung von Typologien für KMU. Dabei werden aus der Häufung von Merkmalen Klassen von Klein- und Mittelbetrieben gebildet, die allesamt deutliche Unterschiede zu Großunternehmen aufweisen. Nähere Informationen zu diesem Thema sind in der entsprechenden Literatur zu finden. [7]

---

[6] Mugler, J.: Betriebswirtschaftslehre der Klein- und Mittelbetriebe. Wien u.a. 1993. S.: 15 - 16.
[7] Vgl.: Mugler, J.: Betriebswirtschaftslehre der Klein- und Mittelbetriebe. Wien u.a. 1993. S.: 22 - 26.

Unternehmensführung	
KMU	**Großunternehmen**
• Eigentümer-Unternehmer	• Manager
• mangelnde Unternehmensführungskenntnisse	• fundierte Unternehmensführungskenntnisse
• patriarchische Führung	• Führung nach „Management by..."-Prinzipien
• kaum Gruppenentscheidungen	• häufig Gruppenentscheidungen
• kaum Planung	• umfangreiche Planung
• große Bedeutung von Improvisation und Intuition	• geringe Bedeutung von Improvisation und Intuition
• unmittelbare Teilnahme am Betriebsgeschehen	• Ferne zum Betriebsgeschehen
• geringe Ausgleichsmöglichkeiten bei Fehlentscheidungen	• gute Ausgleichsmöglichkeiten bei Fehlentscheidungen
• Führungspotential nicht austauschbar	• Führungspotential austauschbar
• unzureichendes Informationswesen zur Nutzung vorhandener Flexibilitätsvorteile	• ausgebautes formalisiertes Informationswesen
• durch Funktionshäufung überlastet, soweit Arbeitsteilung personenbezogen	• hochgradige, sachbezogene Arbeitsteilung
• technisch orientierte Ausbildung	• gutes technisches Wissen in Fachabteilungen und Stäben verfügbar

Personal	
KMU	**Großunternehmen**
• geringe Zahl von Beschäftigten	• hohe Zahl von Beschäftigten
• häufig unbedeutender Anteil von ungelernten und angelernten Arbeitskräften	• häufig großer Anteil von ungelernten und angelernten Arbeitskräften
• kaum Akademiker beschäftigt	• Akademiker in größerem Umfang beschäftigt
• vergleichsweise hohe Arbeitszufriedenheit	• geringe Arbeitszufriedenheit
• überwiegend breites Fachwissen vorhanden	• starke Tendenz zum ausgeprägten Spezialistentum

Absatz	
KMU	**Großunternehmen**
• Deckung kleindimensionierter, individualisierter Nachfrage in einem räumlich und / oder sachlich schmalen Marktsegment	• Deckung großdimensionierter Nachfrage in einem räumlich und / oder sachlich breiten Marktsegment
• Wettbewerbsstellung sehr uneinheitlich	• gute Wettbewerbsstellung

Organisation	
KMU	**Großunternehmen**
• auf den Unternehmer ausgerichtetes Einliniensystem, von ihm selbst oder mit Hilfe weniger Führungspersonen bis in die Einzelheiten überschaubar	• personenunabhängig an den sachlichen Gegebenheiten orientierte komplexe Organisationsstruktur
• Funktionshäufung	• Arbeitsteilung
• kaum Abteilungsbildung	• umfangreiche Abteilungsbildung
• kurze direkte Informationswege	• vorgeschriebene Informationswege
• starke persönliche Bindungen	• geringe persönliche Bindungen
• Weisung und Kontrolle im direkten personenbezogenen Kontakt	• formalisierte unpersönliche Weisungs- und Kontrollbeziehungen
• Delegation in beschränktem Umfang	• Delegation in vielen Bereichen
• kaum Koordinationsprobleme	• große Koordinationsprobleme
• geringer Formalisierungsgrad	• hoher Formalisierungsgrad
• hohe Flexibilität	• geringe Flexibilität

Beschaffung und Materialwirtschaft	
KMU	**Großunternehmen**
• schwache Position am Beschaffungsmarkt	• starke Position am Beschaffungsmarkt
• häufig auftragsbezogene Materialbeschaffung (Ausnahme Handel)	• überwiegend auftragsunabhängige Materialbeschaffung, abgesichert durch langfristige Verträge mit Lieferanten

Produktion	
KMU	**Großunternehmen**
• arbeitsintensiv	• kapitalintensiv
• geringe Arbeitsteilung	• hohe Arbeitsteilung
• überwiegend Universalmaschinen	• überwiegend Spezialmaschinen
• geringe Kostendegression mit steigender Ausbringungsmenge	• starke Kostendegression mit steigender Ausbringungsmenge
• häufig langfristig gebunden an bestimmte Basisinnovation	• keine langfristige Bindung an eine Basisinnovation

6

Finanzierung	
KMU	**Großunternehmen**
• im Familienbesitz • keine unternehmensindividuelle, kaum allgemeine staatliche Unterstützung in Krisensituationen • kein Zugang zum anonymen Kapitalmarkt, dadurch nur begrenzte Finanzierungsmöglichkeiten	• in der Regel breit gestreuter Besitz • unternehmensindividuelle staatliche Unterstützung in Krisensituation wahrscheinlich • ungehinderter Zugang zum anonymen Kapitalmarkt, dadurch vielfältig Finanzierungsmöglichkeiten

Forschung und Entwicklung	
KMU	**Großunternehmen**
• keine dauernde institutionalisierte Forschungs- und Entwicklungsabteilung • kurzfristig-intuitiv ausgerichtete Forschung und Entwicklung • fast ausschließlich bedarfsorientierte Produkt- und Verfahrensentwicklung, kaum Grundlagenforschung • relativ kurzer Zeitraum zwischen Erfindung und wirtschaftlicher Nutzung	• dauernde institutionalisierte Forschungs- und Entwicklungsabteilung • langfristig-systematisch angelegte Forschung und Entwicklung • Produkt- und Verfahrensentwicklung in engem Zusammenhang mit Grundlagenforschung • relativ langer Zeitraum zwischen Erfindung und wirtschaftlicher Nutzung

Abbildung 1: Qualitative Merkmale von KMU und Großunternehmen[8]

2.1.2 Quantitative Merkmale

Bei der quantitativen Abgrenzung der kleinen und mittleren Unternehmen von den Großunternehmen besteht das Hauptproblem darin, quantifizierbare Merkmale zu vergleichen, die in jedem Unternehmen vorzufinden und leicht zu erfassen sind. Ein von Hering durchgeführter Vergleich der quantitativen Merkmale ergibt, daß vor allem die Größen: Umsatz, Anzahl der Beschäftigten und die Ausbringungsmenge dazu geeignet sind, Betriebe miteinander zu vergleichen, da diese in jedem Unternehmen vorhanden und leicht zu erfassen sind. Bei dieser Art der Klassifizierung muß zwischen arbeitsintensiven und kapitalintensiven Betrieben unterschieden werden, wenn eine Zuordnung nach der Anzahl der Beschäftigten erfolgt.
Bei einer Klassifizierung nach dem Umsatz müssen die unterschiedlichen Vorleistungen beim Großhandel und dem produzierenden Gewerbe beachtet werden. Trotz dieser Einschränkungen

---

[8] Stadelmann, M: Informationstechnologie als Hilfsmittel der Führung in Klein- und Mittelunternehmen (KMU). Stuttgart, Wien 1996. S.: 18 - 19 und
Mugler, J.: Betriebswirtschaftslehre der Klein- und Mittelbetriebe. Wien u.a. 1993. S.: 18 - 19.

haben sich der Umsatz und die Anzahl der Beschäftigten als Abgrenzungsmerkmal, vor allem auch in den offiziellen Statistiken, durchgesetzt. Nachfolgend werden einige Abgrenzungsmöglichkeiten, die unter anderem auch die oben genannten Einschränkungen berücksichtigen, dargestellt. Die nachfolgende Klassifikation (vgl. Abbildung 2) stellt eine Klassifikation dar, die vor allem in den offiziellen Statistiken Berücksichtigung findet:

Anzahl der Beschäftigten			
	Kleinbetrieb	Mittelbetrieb	Großbetrieb
Deutsche Statistik	1 - 49	50 - 499	500 und mehr
Österr. Statistik	1 - 9	10 - 100	101 und mehr
Schweizer Statistik	1 - 20	21 - 100	101 und mehr
USA Small Business Administration	1 - 250		250 und mehr

Abbildung 2: Abgrenzung von Klein-, Mittel- und Großbetrieb nach der Anzahl der Beschäftigten in der offiziellen Statistik[9]

Die Aussagekraft einer solchen Abgrenzung stößt wegen der unterschiedlichen Bedeutung der verschiedenen Produktionsfaktoren schnell an seine Grenzen.
Eine weitere viergeteilte Klassifizierung der Unternehmensgröße für die Branchen Handel und Fertigung, nach den quantifizierbaren Merkmalen Anzahl der Beschäftigten und Jahresumsatz (vgl. Abbildung 3) soll die unterschiedliche Bedeutung der Produktionsfaktoren berücksichtigen:

Klassengrenzen			
Branche	Größenklasse	Beschäftigungszahl	Jahresumsatz
Handel	kleinst	bis 9	bis 2 Mio DM
	klein	10 - 19	2 - 10 Mio DM
	mittel	20 - 199	10 - 100 Mio DM
	groß	200 u. mehr	100 Mio DM u. mehr
Fertigung	kleinst	bis 19	bis 1 Mio DM
	klein	20 - 49	1 - 5 Mio DM
	mittel	50 - 499	5 - 50 Mio DM
	groß	500 u. mehr	50 Mio DM u. mehr

Abbildung 3: Umsatz- und Beschäftigungsgrößenklassengrenzen differenziert nach Handels- und Fertigungsbetrieben[10]

---

[9] von Soest, K.-W.: Einsatz von Standardsoftware zur Unterstützung von Planung und Kontolle im Absatzbereich bei kleinen und mittleren Unternehmen. Bern 1986. S.: 19.
[10] von Soest, K.-W.: Einsatz von Standardsoftware zur Unterstützung von Planung und Kontolle im Absatzbereich bei kleinen und mittleren Unternehmen. Bern 1986. S.: 21.

Bei einer detaillierteren Aufteilung der Klassifizierung (vgl. Abbildung 4) in die Branchen Industrie, Handwerk, Großhandel, Einzelhandel, Verkehr und Nachrichtenübermittlung sowie Dienstleistungen und freie Berufe, lassen sich bei Berücksichtigung der Merkmale Beschäftigung und Jahresumsatz folgende Größenklassen abgrenzen:

Größenklassengrenzen			
Branche	Größenklasse	nach Beschäftigten	nach Jahresumsatz
Industrie	klein	bis 49	bis 2 Mio DM
	mittel	50 - 499	2 - 25 Mio DM
	groß	500 u. mehr	25 Mio DM u. mehr
Handwerk	klein	bis 2	bis 100.000 DM
	mittel	3 - 49	100.000 - 2 Mio DM
	groß	50 u. mehr	2 Mio DM u. mehr
Großhandel	klein	bis 9	bis 1 Mio DM
	mittel	10 - 199	1 - 50 Mio DM
	groß	200 u. mehr	50 Mio DM u. mehr
Einzelhandel	klein	bis 2	bis 500.000 DM
	mittel	2 - 99	500.000 - 10 Mio DM
	groß	100 u. mehr	10 Mio DM u. mehr
Verkehr und Nach-	klein	bis 2	bis 100.000 DM
richtenüber-	mittel	3 - 49	100.000 - 2 Mio DM
mittlung	groß	50 u. mehr	2 Mio DM u. mehr
Dienstleistungen und	klein	bis 2	bis 100.000 DM
freie Berufe	mittel	3 - 49	100.000 - 2 Mio DM
	groß	50 u. mehr	2 Mio DM u. mehr

Abbildung 4: Branchendifferenzierte Festlegung von Umsatz- und Beschäftigungsklassengrenzen für Klein-, Mittel- und Großbetriebe[11]

2.2 Definition und Abgrenzung des Begriffes Standardsoftware

In der Literatur finden sich eine Vielzahl von Begriffen, die auf das Thema Standardsoftware eingehen. Auch wird der Begriff Standardsoftware in Literatur und Praxis häufig unterschiedlich definiert. Die folgende Definition orientiert sich an den in der Literatur am häufigsten vorgenommenen Abgrenzungen. Im Rahmen der folgenden Ausführungen werden ebenfalls die Begriffe Hardware, Systemsoftware und Individualsoftware definiert, da diese ebenfalls bei der Auswahl einer neuen Standardsoftware berücksichtigt werden müssen.

---

[11] von Soest, K.-W.: Einsatz von Standardsoftware zur Unterstützung von Planung und Kontolle im Absatzbereich bei kleinen und mittleren Unternehmen. Bern 1986. S.: 20.

2.2.1 Einordnung in die DV-Unterstützung

Bei der DV-Unterstützung unterscheidet man in Hardwaresysteme und Software, durch deren Zusammenwirken Datenverarbeitungsprozesse entstehen können.[12] Die einzelnen Hardware-komponenten können nach dem Eingabe-, Verarbeitungs- und Ausgabe-Prinzip (EVA-Prinzip) folgendermaßen unterschieden werden in:

- Geräte nur für die Eingabe von Daten (z.B.: Lesepistolen, Formularleser oder Tastaturen),
- Geräte nur für die Ausgabe von Daten (z.B.: Bildschirme, Drucker oder Lautsprecher),
- Geräte für die Eingabe und Ausgabe von Daten (z.B.: Bildschirmterminals),
- Geräte nur für die Speicherung von Daten (z.B.: (Magnet-) Plattenlaufwerke) und
- Geräte für die Ein- und Ausgabe und für die Speicherung von Daten (z.B.: (Magnet-) Bandeinheiten oder Diskettenlaufwerke.)

Dieses EVA-Prinzip gilt für alle Rechnerklassen.[13] Auf die Kriterien, nach denen die Hardware ausgewählt wird, wird in Kapitel 3.2.4 Pflichtenheft genauer eingegangen.

Software ist der Sammelbegriff für die Systemprogramme und die Anwendungsprogramme. Die Systemsoftware besteht aus dem Betriebssystem (engl.: operating system), wo-runter man Programme versteht, welche sowohl die vorhandene Hardware konfigurieren und die Steuerung des EDV-Systems übernehmen, als auch für die Durchführung der Hilfefunktionen und die Ansteuerung der Hardwarekomponenten zuständig sind. Ebenfalls werden Datenbankver-waltungssysteme, Datenfernverarbeitungssysteme und Programmentwicklungssysteme der Systemsoftware zugerechnet.[14] Zur Anwendungssoftware gehören alle Programme, die die fachlichen Probleme des Anwenders bearbeiten und lösen.

Zur Anwendungssoftware werden im einzelnen gezählt:

- Technisch-wissenschaftliche Programme (z.B.: statische Berechnungen),
- kommerzielle, auf allgemeine betriebliche Funktionen bezogene Programme (z.B. Einkauf),
- Branchenprogramme.[15]

Zur Anwendungssoftware werden nicht gezählt:

- Generatorprogramme,
- Emulations- und Simulationsprogramme,
- Entscheidungstabellenübersetzer,
- Flowchartprogramme,
- Testhilfen,
- Programme zur Verwaltung von Programmbibliotheken,
- Dokumentations- und Abfragesysteme.[16]

---

[12] Vgl.: Von Soest, K.-W.: Einsatz von Standardsoftware zur Unterstützung von Planung und Kontrolle im Absatzbereich bei kleinen und mittleren Unternehmen. Bern. 1986. S.: 34.
[13] Vgl.: Stahlknecht, P.: Einführung in die Wirtschaftsinformatik. Berlin 1993. S.: 14 - 15.
[14] Vgl.: Kirchmer, M.: Geschäftsprozeßorientierte Einführung von Standardsoftware. Wiesbaden 1996. S.: 13.
[15] Vgl.: Hansen, H. R.: Wirtschaftsinformatik I. Stuttgart 1992. S.: 354.
[16] Vgl.: Von Soest, K.-W.: Einsatz von Standardsoftware zur Planung und Kontrolle im Absatzbereich bei kleinen und mittleren Unternehmen. Bern 1986. S.: 35.

Abbildung 5 gibt einen schematischen Überblick darüber, welche Programme zu welcher Art von Software gehören:

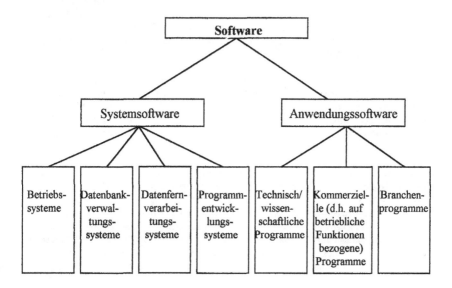

Abbildung 5: Softwareprogramme[17]

2.2.2 Einordnung in die Anwendungssoftware

Gegenstand der weiteren Betrachtungen ist die Abgrenzung von betrieblicher Anwendungssoftware von medizinischer, juristischer oder mathematisch-technischer Software. Die betriebliche Software soll der Unterstützung betriebswirtschaftlicher Abläufe und der Problemlösung in diesen Bereichen dienen. Dabei sollen unter anderem folgende Arbeitsabläufe durch Programme unterstützt werden:

■ Finanz- und Rechnungswesen
■ Personalwesen
■ Materialwirtschaft
■ Vertrieb
■ Fertigung
■ Forschung und Entwicklung
■ Beschaffung und Lagerhaltung [18]

---

[17] Vgl.: Hansen, H.R.: Wirtschaftsinformatik I. Stuttgart 1992. S.: 355.
[18] Vgl.: Von Soest, K.-W.: Einsatz von Standardsoftware zur Planung und Kontrolle im Absatzbereich bei kleinen und mittleren Unternehmen. Bern 1986. S.: 35 - 36.

Es kann jedoch in Grenzbereichen auch zu Überschneidungen zwischen betrieblicher Anwendungssoftware und beispielsweise der mathematisch-technischen Software kommen. So hat ein CAD-System, das als mathematisch-technische Software einzustufen ist, auch eine betriebswirtschaftliche Dimension, da es auch die Stücklisten für den Fertigungsbereich liefert. Man kann die betriebswirtschaftliche Anwendungssoftware in branchenneutrale und branchenspezifische Software unterteilen.

Die branchenneutrale Software dient dazu, unabhängig von der einzelnen Branche betriebswirtschaftliche Probleme zu lösen, wie z.b. Fragen des Finanz- und Rechnungswesens. Branchenspezifische Software dient dazu, branchenspezifische Probleme wie die der Leistungserstellung und der Auftragsabwicklung zu lösen.[19] Die unter Kapitel 3.1 vorgestellten Phasenmodelle beziehen sich sowohl auf branchenspezifische, als auch auf branchenneutrale Standardsoftware.

Bei der Auswahl von Standardsoftware spielt es eine nicht unwesentliche Rolle, zu welcher Branche die jeweilige Firma, die eine neue Standardsoftware einführen möchte, gehört, da vor allem große Softwareanbieter, wie SAP, in der jüngsten Vergangenheit mit sogenannten Branchenpaketen auf den Softwaremarkt für den Mittelstand drängen und hier auf unterschiedliche Weise auf die branchenspezifischen Probleme eingehen. Auch stellt sich der Softwaremarkt für kleine Firmen, die eine neue Standardsoftware einführen wollen, von Branche zu Branche unterschiedlich dar, da diese aus Kostengründen meist auf kleinere Anbieter zurückgreifen müssen, die sich in der Regel auf eine bestimmte Branche spezialisiert haben.

2.2.3 Abgrenzung zur Individualsoftware

Grundsätzlich kann man Anwendungssoftware auch danach unterscheiden, ob es sich um Individualsoftware handelt, die auf die fachlichen und DV-technischen Ansprüche des Anwenders zugeschnitten ist und ausschließlich dem Zweck dient, die individuellen Probleme des Auftragsgebers zu lösen, oder ob es sich um jene Arten der Standardsoftware handelt, welche als fertige Programme bezeichnet werden und auf allgemeingültige und mehrfache Nutzung hin ausgelegt sind. Individualsoftware wird auch nach dem Herstellungsvorgang unterschieden, je nachdem, ob es sich um eine selbsterstellte Software oder um eine Fremdentwicklung handelt. Auf diesen Unterschied und die sich daraus ergebenden Konsequenzen wird jedoch nicht weiter eingegangen, da sich die vorliegende Arbeit ausschließlich auf die Einführung von Standardsoftware bezieht.[20] Abbildung 6 gibt einen Überblick über die Klassifikation von Software in der Literatur.

---

[19] Vgl.: Kirchmer, M.: Geschäftsprozeßorientierte Einführung von Standardsoftware. Wiesbaden 1996. S.: 16.
[20] Vgl.: Priemer, J.: Entscheidungen über die Einsetzbarkeit von Software anhand formaler Modelle. Sinzheim 1995. S.: 41.

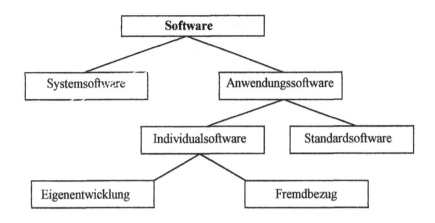

Abbildung 6: Klassifikation von Software [21]

Um eine Software als Standardsoftware genauer bestimmen zu können, muß sie, über die bereits erwähnten Merkmale hinaus, durch folgende Merkmale gekennzeichnet sein:

- Übernahme definierter Funktionen bzw. Problemlösungen,
- generelle Einsetzbarkeit (für verschiedene Organisationsstrukturen, Branchen, Unternehmen),
- klare Festlegung und Minimierung der organisatorisch-systemtechnischen Anpasssung in zeitlichem und mengenmäßigem Aufwand (z.B.: durch Setzen von Parametern),
- Festpreis und Garantie für die komplette, problemlose Integration der Software und der Zusatzleistungen.

Zu den erwähnten Zusatzleistungen neben dem Programm zählen:

- Dokumentation,
- Schulungen,
- Unterstützung bei der Installation und
- Wartung.[22]

Inwiefern die beiden letzten aufgezählten Merkmale von einer Standardsoftware abgedeckt werden können, hängt im wesentlichen auch von der Ausgestaltung des Softwarevertrages ab. Die Besonderheiten der Softwarevertragsgestaltung und inwiefern Zusatzleistungen Teil der Standardsoftware sind, wird in Kapitel 3.2.5.5 (Der Softwarevertrag) genauer erläutert.

---

[21] Vgl.: Priemer, J.: Entscheidungen über die Einsetzbarkeit von Software anhand formaler Modelle. Sinzheim 1995. S.: 40.
[22] Vgl.: Kirchmer, M.: Geschäftsprozeßorientierte Einführung von Standardsoftware. Wiesbaden 1996. S.: 14.

Daß der Einsatz von Individualsoftware heute kaum noch eine Rolle spielt, liegt auch daran, daß sich heute kaum noch ein Unternehmen erlauben kann, eine maßgeschneiderte Software von Grund auf erstellen zu lassen. Ein Großteil der Ausgaben für Eigenentwicklungen konzentrieren sich auf Veredlungsarbeiten von Standardsoftware.[23] Neben dem Kostenvorteil der Standardsoftware gegenüber der Individualentwicklung bietet die Einführung von Standardsoftware unter anderem noch folgende Vorteile:

- Zeitersparnis beim Customizing ausgereifter Standardsoftware im Gegensatz zur Neuentwicklung,
- Kompensierung vorhandener Personalengpässe bzw. eines Mangels an Know-how (Viele KMU haben keine oder nur eine kleine eigene EDV-Abteilung; Nutzung des Know-hows des Herstellers),[24]
- Die bei der Entwicklung von Individualsoftware anfallenden Nachteile entfallen (z.B.: Abstimmungsprobleme, Ausfall von Projektarbeitern, Terminüberschreitungen),
- Bessere Qualität, da das Produkt ausgereifter ist und die Programmierer größere Erfahrung besitzen, als die an der Eigenentwicklung beteiligten Personen,
- Die gesamte Einführungszeit ist kürzer, da die Standardsoftware sofort verfügbar ist und nicht erst entwickelt werden muß,[25]
- Geringe Pflege- und Wartungskosten, da die Programmwartung in der Regel vom Hersteller übernommen wird (Bestandteil des Sofwarevertrages),
- Daten- und Funktionsintegration beim Einsatz von Softwarefamilien,
- Einheitliche Benutzeroberfläche und insgesamt bessere Ergonomie.

Der Einsatz von Standardsoftware bringt auch einige Nachteile mit sich, jedoch überwiegen die Vorteile die Nachteile, was sich in den steigenden Umsatzzahlen der Produzenten von Standardsoftware niederschlägt. Der Einsatz von Standardsoftware kann folgende Nachteile mit sich bringen:

- Ineffizienz des Einsatzes durch höheren Hardware-Ressourcenbedarf als bei diesbezüglich optimierten Individualentwicklungen,
- Eingeschränkte Benutzerrechte, wie beispielsweise das Verbot von Programm-Modifikationen durch den Anwender,
- Psychologische Probleme bei Mitarbeitern (z.B.: Angst vor einer ungerechtfertigten Standardisierung der Arbeitsabläufe und einer eventuell daraus resultierenden Rationalisierung),[26]
- Abhängigkeit vom Hersteller durch mangelnde Transparenz, weil beispielsweise der Quellcode nicht mit ausgeliefert wurde oder es an einer ausreichenden Dokumentation mangelt,
- Oftmals sind erhebliche Anpassungen vonnöten, da die Eigenschaften des angeschafften Programmpaketes nicht den Anforderungen des Unternehmens entsprechen,
- Schlechteres Betriebsverhalten, da Standardsoftware im Sinne einer universellen Software für einen großen Anwenderkreis konzipiert wurde,

---

[23] Vgl.: Born, A.: Software aus Komponenten soll Wartung erleichtern und Funktionalität erhöhen. In: Computer-Zeitung 29 (1998) 18, S.: 20.
[24] Vgl.: Hansen, H.R.: Wirtschaftsinformatik I. Stuttgart 1992. S.: 396.
[25] Vgl.: Stahlknecht, P.: Einführung in die Wirtschaftsinformatik. Berlin u.a. 1993. S.: 301.
[26] Vgl.: Kirchmer, M.: Geschäftsprozeßorientierte Einführung von Standardsoftware. Wiesbaden 1996. S.: 14 -15.

- Die Geschäftsabläufe müssen der Standardsoftware angepaßt werden (dies kann zu einem Vorteil führen, falls die Umstellung mit einer Rationalisierung einhergeht.),
- Es können Schnittstellenprobleme zu bereits vorhandener Standardsoftware entstehen, falls Standardsoftware nur für einen Teilbereich des Unternehmens angeschafft wird,
- Die Entwicklung von Standardsoftware verbessert die Zusammenarbeit zwischen DV-Abteilung und den einzelnen Fachabteilungen; bei der Einführung von Standardsoftware hingegen besteht die Gefahr, daß sich die betroffenen Abteilung teilweise mit der angeschafften Standardsoftware nicht identifizieren,
- Bei kleineren Anbieterfirmen sind Wartung und Benutzerbetreuung nicht immer garantiert, es besteht unter anderem die erhöhte Gefahr des Konkurses im Vergleich zu großen Anbietern wie SAP (vor allem KMU greifen oft aus Kostengründen auf kleinere Anbieter zurück),
- Es besteht die Gefahr einer überstürzten Einführung von Standardsoftware, was zur Folge hat, daß die Programmspezifikationen nicht detailliert genug vorgenommen werden, so daß im späteren Systembetrieb noch laufende Änderungen vorgenommen werden müssen.[27]

Zusammenfassend läßt sich sagen, daß eine Individualprogrammierung eher den Anforderungen eines Unternehmens gerecht wird, aber aufgrund der hohen Kosten bei KMU so gut wie keine Berücksichtigung erfährt. Individualprogrammierung findet nur noch bei der Anpassung der angeschafften Standardsoftware an bereits vorhandene Standardsoftware statt. Hier fallen bei den meisten Anbietern keine Sonderkosten an, da die Schnittstellenanpassung meistens im Preis enthalten ist.

---

[27] Vgl.: Stahlknecht, P.: Einführung in die Wirtschaftsinformatik. Berlin u.a. 1993. S.: 301 - 302.

15

3 Einführung und Auswahl von Standardsoftware

Zunächst werden in diesem Kapitel unterschiedliche Phasenmodelle vorgestellt, die in der Vergangenheit für den Fremdbezug von Standardsoftware und die Eigenentwicklung von Software entwickelt worden sind. Anschließend werden die vorgestellten Phasenmodelle in einer kritischen Prüfung auf ihre Anwendbarkeit zur Einführung und Auswahl von Standardsoftware hin untersucht. Bei dieser Betrachtung wird die nur eingeschränkte Einsetzbarkeit der Phasenmodelle festgestellt und ein neues Vorgehensmodell zur Einführung und Auswahl von Standardsoftware entwickelt, welches die aufgezeigten Schwächen der vorgestellten Phasenmodelle vermeidet. Dieses gliedert sich in die Phasen Projektinitiierung, Ist-Analyse, Sollkonzeption, Pflichtenheft, Angebotsauswahl und Einführung.

3.1 Abgrenzung unterschiedlicher Phasenmodelle

Für das Vorgehen bei der Einführung und Auswahl von Standardsoftware finden sich in der Literatur einige differierende Phasenmodelle. Grundsätzlich gibt es zwei Arten: diejenigen, die für die Eigenentwicklung und jene, die für den Fremdbezug von Standardsoftware konzipiert wurden. Phasenmodelle, die nicht speziell für den Fremdbezug entwickelt wurden, können jedoch auch bei analoger Anwendung teilweise für den Fremdbezug verwendet werden. Dies wird auch dadurch klar, daß sich die einzelnen Phasenmodelle teilweise nur marginal unterscheiden und die Vorgehensmodelle für den Fremdbezug teilweise durch Abwandlung von Modellen für die Neuentwicklung von Systemen entstehen (z.B.: Vorgehensmodell von Stahlknecht).

Zunächst wird das Phasenmodell von Balzert für die Eigenentwicklung ausführlich dargestellt, da dies als ein Standardwerk der Wirtschaftsinformatik zu bezeichnen ist.
Danach erfolgt die Darstellung des Wasserfall-Ansatzes und des Spiral-Ansatzes, da diese beiden Phasenmodelle größte praktische Bedeutung erlangt haben. Dabei werden die zwei grundsätzlich unterschiedlichen Vorgehensweisen des iterativen (Wasserfall-Ansatz) und des zyklischen (Spiral-Ansatz) vorgestellt, wobei Inhalt und Aufgaben der Phasen des Spiralansatzes eine untergeordnete Rolle bei der Darstellung spielen, da hier nur die Änderungen in der grundsätzlichen Vorgehensweise gegenüber dem Wasserfallmodell aufgezeigt werden sollen.
Das anschließend behandelte V-Modell wird aufgrund seiner Bedeutung für die öffentliche Verwaltung kurz vorgestellt.
Das Phasenkonzept von Stahlknecht, das sowohl für die Eigenentwicklung, wie für den Fremdbezug entwickelt wurde, ist ein Standardwerk der Wirtschaftsinformatik und wird als Vertreter der Phasenkonzepte vorgestellt, die sowohl für die Eigenentwicklung, wie für die Einführung von Standardsoftware geeignet sind.
Speziell für den Fremdbezug von Standardsoftware wurde das zuletzt vorgestellte Phasenmodell zur Einführung und Auswahl von Standardsoftware von Grupp entwickelt. Es unterstützt den Anwender in der Praxis bei der Auswahl und kommt den Anforderungen, welche die Anwender von KMU an ein Phasenkonzept stellen, am nächsten. Da dieses die Grundlage für das später entwickelte eigene Phasenkonzept bildet und deshalb der Inhalt der einzelnen Phasen

dort ausführlich erläutert wird, wird die Darstellung an dieser Stelle nur kurz gehalten und auf eine genaue Ausführung der einzelnen Phasen verzichtet.

Grundsätzlich ist das Ziel eines Vorgehensmodelles, unabhängig davon, ob es für den Fremdbezug von Standardsoftware, die Individualentwicklung oder für den Entwurf eines Informationssystems konzipiert wurde, die Komplexität der jeweiligen Aufgabe zu reduzieren und ein planvolles, systematisches Vorgehen zur Bewältigung der jeweiligen Aufgabe zu entwickeln. Dabei wird das Vorgehen der einzelnen Modelle in überschaubare Aufgabeneinheiten zerlegt, die sukzessiv oder, wenn möglich, parallel ausgeführt werden. Die Beschreibung dieser Vorgehensweise bezeichnet man als Vorgehensmodell. Im folgenden werden die Begriffe Vorgehensmodell und Phasenmodell synonym behandelt.[28] Das erste Phasenkonzept wurde 1950 von den Bell Laboratories entwickelt, unter dem Namen Systems Engineering (ins Deutsche mit Systemtechnik übersetzt). Es diente der Strukturierung und Entwicklung komplexer Systeme. Der Gesamtprozeß besteht aus mehreren zeitlich aufeinanderfolgenden Phasen.

Dieses Phasenkonzept läßt sich auf folgende Grundeinteilung reduzieren:

- Systemanalyse,
- Systementwicklung,
- Systemeinführung und
- Systempflege.

Ausgehend von dieser Grundeinteilung wurden in der Folge unzählige Phasenkonzepte für die Entwicklung von DV-Anwendungssystemen und die Einführung von Standardsoftware entwickelt.[29]

3.1.1 Software Engineering Environment Modell

Das Software Engineering Environment Modell (SEEM) von Balzert ist ein Phasenkonzept für die Software-Entwicklung und ist als eher informatikbetont zu charakterisieren. Die Intention bei der Entwicklung dieses Phasensystems war es, sich nicht an den handwerklichen, sondern an den industriellen Maßstäben zu orientieren. Ziel dieses Phasenkonzeptes ist das Erreichen hoher Qualität und hoher Produktivität unter Einhaltung geplanter Termine und Kosten, indem die Haupttätigkeiten Entwicklung, Qualitätssicherung, Management, sowie Wartung und Pflege unter Berücksichtigung gegenseitiger Abhängigkeiten beherrschbar gemacht werden.[30] Dabei werden die während der Software-Entwicklung und der anschließenden Wartung und Pflege anfallenden Tätigkeiten zu sogenannten Tätigkeitsgruppen zusammengefaßt, die zu ei-

---

[28] Vgl.: Weber, U.: Entwurf von Informationssystemen auf der Basis integrierter Unternehmensmodelle. Aachen 1998. S.: 13 - 14.
[29] Vgl.: Stahlknecht, P.: Einführung in die Wirtschaftsinformatik. Berlin u.a. 1993. S.: 232 - 233.
[30] Vgl.: Jochem, M.: Einführung integrierter Standardsoftware: ein ganzheitlicher Ansatz. Frankfurt 1998. S.: 181.

17

nem oder mehren Teilprodukten führen. Tätigkeitsgruppe und Teilprodukt werden als Phasen bezeichnet. Das Phasenkonzept von Balzert enthält folgende Phaseneinteilung:

(1) Planungsphase
(2) Definitionsphase
(3) Entwurfsphase
(4) Implementierungsphase
(5) Abnahme- und Einführungsphase
(6) Wartungs- und Pflegephase

Jede einzelne Phase ist nochmals unterteilt in 3 Schritte:

■ Phasenplanung,
■ Realisierung und
■ Überprüfung

Die Phasenplanung hat dabei die Aufgabe, die in der Planungsphase erstellte grobe Planung zu verfeinern. Danach werden im Realisierungsschritt Teilprodukte der jeweiligen Phase erstellt. Im letzten Schritt jeder Phase wird das erstellte Produkt einer Überprüfung unterzogen.[31]

Die einzelnen, oben aufgeführten Phasen von Balzert sollen folgende Tätigkeiten umfassen:

Phase 1 (Planung):

■ Auswahl des Produktes anhand von Trendstudien, Marktanalysen etc.,
■ Durchführung einer Voruntersuchung in der u.a. Hauptfunktionen, Hauptanforderungen und Qualitätsmerkmale des Produktes festgelegt werden,
■ Prüfung der Durchführbarkeit des Projektes, sowohl in technischer als auch in personeller Hinsicht und Überprüfung alternativer Lösungsvorschläge,
■ Durchführung einer Wirtschaftlichkeitsrechnung, sowie einer Kosten- und Terminschätzung und
■ Dokumentation der Ergebnisse der bisherigen Tätigkeiten in einem groben Pflichtenheft, Funktionshandbuch mit Hauptfunktionen, Benutzerhandbuch mit Grundkonzepten und einem Projektplan.

Ziel ist es, anhand der Ergebnisse dieser Tätigkeiten festzustellen, ob ein Produkt überhaupt dem Herstellungsprozess unterzogen werden soll.[32]

---

[31] Vgl.: Balzert, H.: Die Entwicklung von Software-Systemen. Mannheim u.a. 1982. S.: 15 + 19.
[32] Vgl.: Balzert, H.: Die Entwicklung von Software-Systemen. Mannheim u.a. 1982. S.: 74 - 75.

Phase 2 (Definition):

■ Definition der Anforderungen an das Produkt (gegebenenfalls ist eine Bedarfs- und Ist-Analyse durchzuführen),
■ Beschreibung der Anforderungen in Form einer Gruppierung und Klassifizierung der Anforderung, Unterteilung in notwendige und wünschenswerte Anforderungen, sowie einer Beschreibung der Zusammenhänge der Einzelanforderungen,
■ Überprüfung der Anforderungen aus Konsistenz, Vollständigkeit und Durchführbarkeit.

Ziel dieser Tätigkeiten ist eine Produktdefinition, u.a. mit folgenden Teilkomponenten als Ergebnis: Pflichtenheft, Produktmodell, Begriffslexikon, Testdokumentation, Projektplan, Funktions- und Benutzerhandbuch.[33]

Phase 3 (Entwurf):

■ Aufteilung bzw. Zergliederung des Gesamtproblems bzw. des Systems in Teilprobleme bzw. Systemkomponenten,
■ Anordnung der Systemkomponenten in Hierarchien,
■ Spezifikation des Funktions- und Leistungsumfanges, sowie das Verhalten der Systemkomponenten in informaler, semiformaler oder formaler Weise,
■ Festlegung der Schnittstellen, der Kommunikation und der Wechselwirkungen zwischen den Systemkomponenten.

Ziel der Tätigkeiten in dieser Phase ist es, eine EDV-technische Lösung im Sinne einer Systemarchitektur zu entwickeln, deren Qualität in entscheidendem Maße das Endprodukt beeinflußt.[34]

Phase 4 (Implementierung):

■ Konzeption von Datenstrukturen und Algorithmen (Modulentwurf),
■ Strukturierung des Programmes durch geeignete Verfeinerungsebenen,
■ Dokumentation der Problemlösung und der Implementierungsentscheidung,
■ Umsetzung der Konzepte (in die verwendete Programmiersprache) und
■ Programmtest (einschl. Testplanung und Testfallerstellung).

Dabei sollen folgende Ergebnisse erzielt werden: Erstellung des Quellprogrammes einschließlich Dokumentation und des Objektprogrammes sowie Erstellung des Testplans und der Testdokumentation.[35]

---

[33] Vgl.: Balzert, H.: Die Entwicklung von Software-Systemen. Mannheim u.a. 1982. S.: 95 - 96.
[34] Vgl.: Balzert, H.: Die Entwicklung von Software-Systemen. Mannheim u.a. 1982. S.: 186.
[35] Vgl.: Balzert, H.: Die Entwicklung von Software-Systemen. Mannheim u.a. 1982. S.: 369.

Phase 5 (Abnahme und Einführung):

■ Durchführung des Abnahmetests und Erstellung eines Abnahmeprotokolls,
■ Abnahme des Systems durch den Anwender (schriftliche Erklärung der Abnahme durch den Anwender),
■ Installation und Inbetriebnahme des Systems sowie die Protokollierung dieses Vorgangs und
■ Schulung der zukünftigen Anwender.

Ziel dieser Phase ist es, daß das fertiggestellte Gesamtprodukt abgenommen und beim Anwender eingeführt wird.[36]

Phase 6 (Wartung und Pflege):

■ Behebung auftretender Fehler sowie
■ Anpassung und Änderungen.[37]

Grundsätzlich kann die Phaseneinteilung von Balzert in zwei Klassen aufgeteilt werden. Dies ist insbesondere dadurch begründet, daß beide Klassen sowohl zeitlich, räumlich wie auch personell voneinander getrennt sind und organisatorisch unterschiedlich abgewickelt werden.

Die erste Klasse umfaßt die Phasen 1 - 5 und entspricht der eigentlichen Entwicklungsphase, während Phase 6 ausschließlich der Wartung und Pflege dient. Wobei hier der Begriff Wartung im Sinne von Fehlerbehebung und der Begriff Pflege im Sinne von Anpassung und Änderung verstanden werden soll. Der Verlauf der Phase 6 kann zu einer neuen Software-Entwicklung führen, wenn die Anpassungen und Änderungen zu umfangreich sind.

Die Entwicklungsphasen (Phase 1 - 5) sind in ein sog. Entwicklungssystem eingebettet; dabei werden alle während dieser Phasen anfallenden Informationen in eine Entwicklungsbibliothek übertragen. Am Ende der Entwicklungsphase wird das Produkt, nach dessen Freigabe, in ein Wartungsarchiv übertragen, ebenso alle Dokumente und Testdaten, auf welche das Wartungs- und Pflegesystem Zugriff hat.

Die Aufgabe des Wartungs- und Pflegesystems ist es, die unterschiedlich installierten Konfigurationen und Versionen zu verwalten und zu dokumentieren, außerdem sollen Werkzeuge zur Bearbeitung und Verwaltung der unterschiedlich vorhandenen Handbücher bereitgestellt werden.

Diese logische Zweiteilung der Phasen von Balzert wird in Abbildung 7 dargestellt.

---

[36] Vgl.: Balzert, H.: Die Entwicklung von Software-Systemen. Mannheim u.a. 1982. S.: 437 - 439.
[37] Vgl.: Balzert, H.: Die Entwicklung von Software-Systemen. Mannheim u.a. 1982. S.: 16.

20

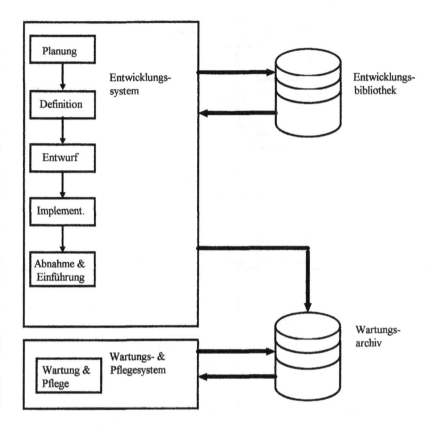

Abbildung 7: Logische Zweiteilung des Software Engineering Environment Modells[38]

Die Entwicklungsphase ist grundsätzlich dadurch gekennzeichnet, daß sie einen Flußcharakter besitzt, d.h., daß Produkte und Teilprodukte von Phase zu Phase weitergereicht und weiterverarbeitet werden. Die Planungsphase nimmt eine Sonderstellung innerhalb der Entwicklungsphase ein, da hier anhand einer Wirtschaftlichkeitsrechnung darüber entschieden wird, ob ein Projekt in Angriff genommen wird. Während der gesamten Entwicklungsphase wird das Projekt von phasenübergreifenden Maßnahmen begleitet (vgl. Abbildung 8). Man spricht von Projektführung und Projektüberwachung, die eine reibungslose Abwicklung des Projektes garantieren sollen.

---

[38] Balzert, H.: Die Entwicklung von Software-Systemen. Mannheim u.a. 1982. S.: 17.

21

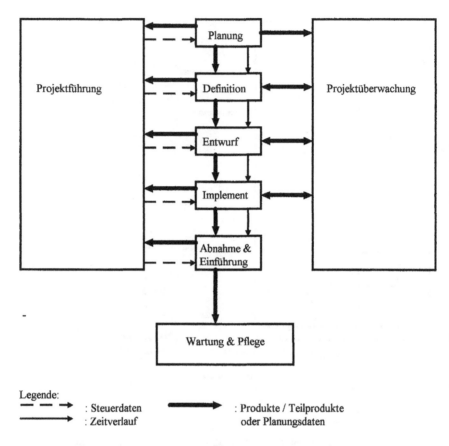

Legende:
– – – →   : Steuerdaten   ▬▬▶   : Produkte / Teilprodukte
———→   : Zeitverlauf   oder Planungsdaten

Abbildung 8: Phasenübergreifende, produktbegleitende Dimension des SEEM[39]

Die Projektführung umfaßt folgende Tätigkeiten:

- Unterstützung der Phasenübergänge,
- Vorschläge für Kombination und Reihenfolge von zu verwendenden Hilfsmitteln,
- Verwaltung von erstellten Produkten nach festen Schemata,
- Bereitstellung von Hilfsmitteln und Richtlinien,
- Verwaltung der Zuordnung von Projektmitarbeitern zu durchzuführenden Tätigkeiten,
- Überbprüfung von Benutzerrechten,
- Verwaltung von geforderten Qualitätseigenschaften,
- Bereitstellung von Informationen zur Handhabung des SEEM.

---

[39] Balzert, H.: Die Entwicklung von Software-Systemen. Mannheim u.a. 1982. S.: 19.

Die Projektüberwachung umfaßt folgende Tätigkeiten:

- Verwaltung der Projektpläne,
- Personalaufwand für dedizierte Tätigkeiten,
- Änderung und Verfeinerung von in der Planungsphase erstellten Balkendiagrammen und Netzplänen zur Terminplanung,
- Erstellung von Soll-Ist-Vergleichen,
- Berechnung von zusätzlichen Personalanforderungen bei Terminverzögerungen,
- Auswertung von Tätigkeitsprotokollen aller Projektmitarbeiter.

Bei der Projektüberwachung werden keine Produkte oder Teilprodukte erstellt, sondern es erfolgt eine Steuerung des Informationsflusses. Es werden in den Entwicklungsprozeß Informationen hineingegeben und aus ihm Informationen bezogen, die ausgewertet werden.[40] Da auch der Fremdbezug von Standardsoftware in Form eines Projektes abgewickelt wird, bei dem die Wirtschaftlichkeitsrechnung eine große Rolle spielt, können auch die Tätigkeiten für die Projektüberwachung und die Projektführung analog für den Fremdbezug übernommen werden.

3.1.2 Wasserfallmodell

Die Phaseneinteilung des Wasserfallmodells von Boehm basiert auf derselben Sichtweise wie das Vorgehensmodell von Balzert.[41] Insgesamt besteht es aus 8 Phasen, berücksichtigt man die Übergabe an ein Nachfolgesystem, besteht es aus 9 Phasen.[42]

Die Phaseneinteilung von Boehm zeichnet sich, im Gegensatz zum Vorgehensmodell von Balzert, durch einen höheren Detaillierungsgrad aus.[43] Das Wasserfallmodell ermöglicht ein iteratives Vorgehen unter der Berücksichtigung des Feedback zwischen den Phasen, so daß Mängel, deren Ursprung in einer früheren Phasen liegen, berücksichtigt werden können.[44] Kennzeichnend hierfür ist, daß jede Phase mit einer Nach- oder Überprüfung bzw. mit einem Test abgeschlossen wird. Abbildung 9 nennt die Phasen von Boehm und soll modellhaft die Berücksichtigung vorhergehender Phasen darstellen.

---

[40] Vgl.: Balzert, H.: Die Entwicklung von Software-Systemen. Mannheim u.a. 1982. S.: 15 - 19.
[41] Vgl.: Priemer, J.: Entscheidungen über die Einsetzbarkeit von Software anhand formaler Modelle. Sinzheim 1995. S.: 53.
[42] Vgl.: Jochem,M.: Einführung integrierter Standardsoftware: ein ganzheitlicher Ansatz. Frankfurt 1998. S.: 177.
[43] Vgl.: Priemer, J.: Entscheidung über die Einsetzbarkeit von Software anhand formaler Modelle. Sinzheim 1995. S.: 53.
[44] Vgl.: Schmidt, G.: Informationsmanagement - Modelle, Methoden, Techniken. Berlin u.a. 1996. S.: 50.

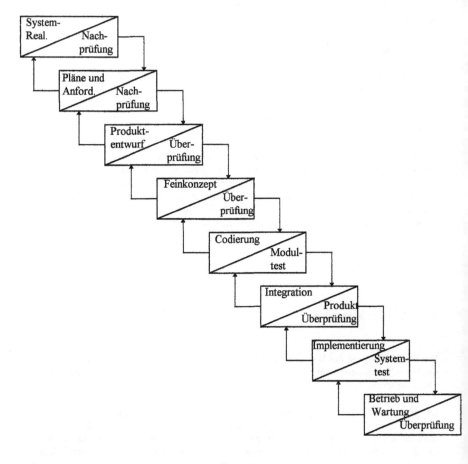

Abbildung 9: Wasserfall-Modell nach Boehm[45]

Es sollen in den oben dargestellten Phasen folgende Aufgaben bewältigt werden:

Phase 1 (Systemrealisierbarkeit):

- Definition des Konzeptes eines Software-Produktes,
- Überprüfung der Durchführbarkeit des Konzeptes,
- Überprüfung der Überlegenheit gegenüber anderen Produkten und
- Überprüfung der erstellten Leistungen in dieser Phase.

---

[45] Jochem, M.: Einführung integrierter Standardsoftware: ein ganzheitlicher Ansatz. Frankfurt 1998. S.: 179.

Phase 2 (Pläne und Anforderungen)

■ Erstellung einer Spezifikation der benötigten Funktionen von Interfaces und Leistungen, und
■ eine Überprüfung dieser Spezifikationen.

Phase 3 (Produktentwurf):

■ Erstellung einer Spezifikation für die gesamte Hardware-Softwarearchitektur,
■ Erstellung einer Spezifikation der Kontroll- und Datenstruktur des Produktes,
■ Erstellung einer Spezifikation der sonstigen erforderlichen Komponenten, wie beispielsweise Benutzer-Handbücher und Testpläne und
■ Überprüfung der in Phase 3 erstellten Spezifikationen.

Phase 4 (Feinkonzeption):

■ Verfeinerung der Spezifikationen aus Phase 4 (Produktentwurf) auf Modulebene und
■ Überprüfung dieser Verfeinerung.

Phase 5 (Codierung):

■ Codierung der einzelnen Programme und
■ Durchführung eines Modultests.

Phase 6 (Integration):

■ Zusammenfügen der einzelnen codierten und getesteten Programm-Module zu einem funktionierenden Programm und
■ Überprüfung des erstellten Programmes.

Phase 7 (Implementierung):

■ Umsetzung der Daten,
■ Installation des neuen Systems,
■ Ausbildung der künftigen Benutzer und
■ Durchführung eines Sytemtests.

Phase 8 (Betrieb und Wartung):

■ Wiederholte Durchführung eines Updates des Hardware-Software-Systems und
■ Wiederholte Überprüfung des Hardware-Software-Systems.

Falls ein Nachfolgesystem zu berücksichtigen ist, gibt es eine Phase 9, die sogenannte Endphase, deren Aufgabe darin besteht, eine reibungslose Übergabe an dieses neue System sicherzustellen.[46]

---

[46] Vgl.: Jochem, M.: Einführung integrierter Standardsoftware: ein ganzheitlicher Ansatz. Frankfurt 1998. S.: 177 - 181.

3.1.3 Spiralmodell

Das Spiralmodell von Boehm (vgl. Abbildung 10) besteht aus mehreren Zyklen, wobei jede Spirale mit derselben Anzahl von Schritten durch einen iterativen Zyklus repräsentiert wird. Jeder Zyklus beginnt mit einer Anforderungsdefinition, gefolgt von einer Kosten-Nutzen-Analyse. Darauffolgend wird die nächste Basisphase wieder aufgerufen, wobei die Möglichkeit besteht, in jedem Stadium des Phasenkonzeptes einen Prototypen zu erstellen, um das Risiko einer Fehlentwicklung zu mindern. Bei der folgenden Darstellung des Spiralmodelles entspricht der Radius der Spirale den bis zu diesem Zeitpunkt kumulierten Kosten, der Winkel gibt den Fortschritt der jeweiligen Phase an.[47]

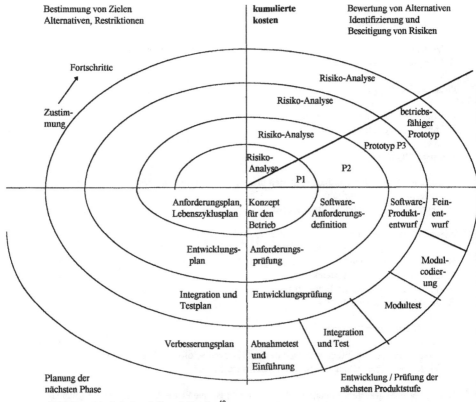

Abbildung 10: Spiralmodell nach Boehm[48]

---

[47] Vgl.: Weber, U.: Entwurf von Informationssystemen auf der Basis integrierter Unternehmensmodelle. Aachen 1998. S.: 20 - 21.

[48] Weber, U.: Entwurf von Informationssystemen auf der Basis integrierter Unternehmensmodelle. Aachen 1998. S.: 20.

Die Weiterentwicklung des Spiral-Ansatzes gegenüber dem Wasserfall-Ansatz besteht darin, die Vorteile des Wasserfall-Ansatzes mit denen des Prototyping zu verbinden. Der Nachteil des Wasserfall-Ansatzes, sich lediglich auf der Grundlage der vorliegenden Spezifikationen das Endprodukt vorzustellen, wird durch die Möglichkeit in jeder Phase einen Prototypen zu erstellen vermieden, indem die semantische Lücke zwischen Anforderungsdefinition und realisiertem Produkt frühzeitig eingegrenzt wird.[49]

3.1.4 V-Modell

Das V-Modell wurde bei der Bundeswehr entwickelt und vom Bundesministerium des Inneren (BMI) übernommen und für alle Bundesverwaltungen vorgeschrieben. Es spiegelt den Stand der Technik der 80er Jahre wieder. Das V-Modell besteht aus 4 Submodellen:

- Softwareerstellung,
- Qualitätssicherung,
- Konfigurationsmanagement und
- Projektmanagement.

Während die drei Submodelle Qualitätssicherung, Konfigurationsmanagement und Projektmanagement die begleitenden Aktivitäten in einem Entwicklungsprojekt beschreiben, wird im Submodell der Softwareerstellung die eigentliche Entwicklung ausgeführt. Diese läßt sich in 9 Phasen aufteilen, die sich wiederum in 4 Grundphasen gliedern :

- Analyse,
- Entwurf,
- Realisierung und
- Einführung.

Im Submodell der Qualitätssicherung soll die Qualität gesichert werden, während im Konfigurationsmanagement die Verwaltung der während der Softwareentwicklung anfallenden Produkte aller vier Submodelle geregelt wird. Ihre verschiedenen Versionen und Beziehungen zueinander werden konsistent gehalten, Änderungen überwacht und Zugriffe kontrolliert. Im Projektmanagement werden alle technischen Aspekte der Projektabwicklung geregelt. Dazu gehören im einzelnen Planung, Steuerung und Kontrolle aller projektinternen Tätigkeiten und projektinterne und projektexterne Kommunikation.[50]

Auf eine genauere Darstellung des V-Modells wird verzichtet, da dieses Modell nicht als Grundlage in das in Kapitel 3.2 entworfene Phasenmodell eingeht und ihm keine grundlegende theoretische Bedeutung zukommt, wie beispielsweise dem Phasenmodell von Balzert.

---

[49] Vgl.: Schmidt, G.: Informationsmanagement - Modelle, Methoden, Techniken. Berlin u.a. 1996. S.: 50.
[50] Vgl.: o.V.: V-Modell-Browser. Das Vorgehensmodell. In: http://www.scope.gmd.de/vmodel/vm.intro.html vom 27.01.99.

3.1.5 Phasenkonzept der Systementwicklung von Stahlknecht

Das Phasenkonzept von Stahlknecht (vgl. Abbildung 11) besteht aus 6 Phasen und hebt sich von den anderen bisher vorgestellten Phasenkonzepten unter anderem dadurch hervor, daß es den Anspruch erhebt, sowohl für Eigenentwicklungen, als auch für den Fremdbezug von Standardsoftware geeignet zu sein.

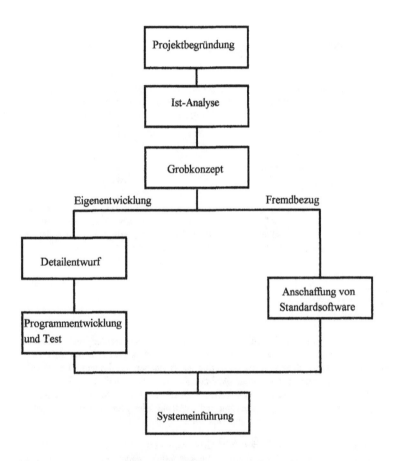

Abbildung 11: Phasen der Systementwicklung und Einführung von Stahlknecht[51]

---

[51] Stahlknecht, P.: Einführung in die Wirtschaftsinformatik. Berlin u.a. 1993. S.: 239.

Ziel und Aufgaben der einzelnen Phasen bei der Eigenentwicklung sind :

- Phase 1 (Projektbegründung):

Diese erste Phase gibt den Anstoß zur Einführung und Entwicklung bzw. Anschaffung eines neuen DV-Anwendungssystems bzw. einer neuen Standardsoftware. Der Anstoß kann dabei von verschiedenen Seiten kommen, sowohl intern (bspw.: Unternehmensleitung oder DV-Abteilung) wie auch extern (bspw.: Hardware- oder Softwarehersteller). Bei der Erarbeitung von Projektvorschlägen können dabei unterschiedliche Kreativtechniken zum Einsatz kommen wie z.B.:

■ Brainstorming,
■ Szenario-Technik oder
■ Metaplan-Technik.

Diese Vorphase dient dazu, Projektaufträge zu definieren und grobe Zielvorstellungen über die Realisierungsmöglichkeiten und die Nutzunspotentiale des neuen DV-Systems zu gewinnen.[52]

- Phase 2 (Ist-Analyse):

Die Ist-Analyse hat als Ziel:

■ Schwachstellen der bestehenden Ablauforganisation herauszufinden und
■ die Voraussetzungen für die Einführung und Entwicklung eines neuen DV-Systems zu schaffen.

Die Ist-Analyse besteht im wesentlichen aus 2 Teilen:

■ der Erhebung und Beschreibung des Ist-Zustandes sowie
■ der Analyse und Bewertung des Ist-Zustandes.

Abgeschlossen wird die Ist-Analyse mit einem schriftlichen Bericht. Dieser Bericht wird mit den Mitarbeitern der zu untersuchenden Stellen abgestimmt, um eine falsche Wertung des Berichtes und falsche Darstellungen zu vermeiden.[53]

- Phase 3 (Grobkonzept):

Die Phase Grobkonzept besteht aus folgenden 3 Teilen:

■ Konzeptentwicklung,
■ Wirtschaftlichkeitsvergleiche und
■ Präsentationen.

[52] Vgl.: Stahlknecht, P.: Einführung in die Wirtschaftsinformatik. Berlin u.a. 1993. S.: 243 - 244.
[53] Vgl.: Stahlknecht, P.: Einführung in die Wirtschaftsinformatik. Berlin u.a. 1993. S.: 247 - 248.

Im Rahmen der Konzeptentwicklung sollen die Benutzeranforderungen an das neue DV-Anwendungssystem definiert werden. Dabei ist festzusetzen:

■ im fachlichen Entwurf, was das DV-Anwendungssytem leisten soll und
■ im DV-technischen Entwurf, wie das neue DV-Anwendungssystem realisiert werden soll.

Die Anforderungen werden dann in einem schriftlichen Katalog, dem Pflichtenheft, zusammengestellt. Das Grobkonzept kann in diesem ersten Teil auch alternative Vorschläge beinhalten. Dabei werden die Alternativen hinsichtlich ihrer Kosten, des Personalbedarfs, und der zeitlichen Realisierung gegenübergestellt. In einer Durchführbarkeitsstudie wird festgestellt, ob die vorgeschlagenen Alternativen zum gegenwärtigen Zeitpunkt überhaupt sinnvoll sind.

In Teil 2 des Grobkonzeptes wird ein Wirtschaftlichkeitsvergleich durchgeführt

■ zwischen dem alten und dem neuen System und
■ zwischen den vorgeschlagenen Alternativen.

Die Vergleiche können auf unterschiedliche Weise durchgeführt werden:

■ als reine Kostenvergleiche oder
■ als Kosten- / Nutzen- Vergleiche.

Am Ende des Grobkonzeptes werden die bisherigen Ergebnisse präsentiert, um die Entscheidungsträger des Unternehmens über den Projektverlauf zu informieren und eine Entscheidung über die Fortführung des DV-Projektes herbeizuführen.[54]

- Phase 4 (Detailentwurf):

In der Phase Detailentwurf wird ein strukturierter Systementwurf entwickelt. Anhand dieses detaillierten Systementwurfs werden dann die Programmspezifikationen erarbeitet. Diese bestehen aus detaillierten Vorgaben für die nachfolgende Phase der Programmierung in Form eines erneuten Pflichtenheftes. Darin werden unter anderem folgende Vorgaben festgelegt:

■ Datenorganisation und
■ Vorgaben nach dem EVA-Prinzip.[55]

- Phase 5 (Programmierung und Test):

In Phase 5 erfolgt zunächst die Programmentwicklung, gefolgt von einer Testphase, die nach einer typischen Bottom-up-Vorgehensweise erfolgt. Dabei werden nacheinander die nachfolgenden Stufen durchlaufen:

■ Einzeltest (Modultest),
■ Integrationstest (Komponentest),
■ Systemtest und
■ Abnahmetest (Abnahmeverfahren).

---

[54] Vgl.: Stahlknecht, P.: Einführung in die Wirtschaftsinformatik. Berlin u.a. 1993. S.: 260 - 269.
[55] Vgl.: Stahlknecht, P.: Einführung in die Wirtschaftsinformatik. Berlin u.a. 1993. S.: 270 - 279.

Dabei durchläuft jede einzelne Teststufe die folgenden Schritte:

■ Testvorbereitung,
■ Testdurchführung und
■ Testnachbereitung.

In der Testvorbereitung wird der Testumfang festgelegt und die Testdaten ausgewählt sowie eine erste manuelle Vorausberechnung der zu erwartenden Testergebnisse durchgeführt. Die Testdurchführung entspricht dem eigentlichen Test. In der abschließenden Testnachbereitung werden die Testergebnisse und Abweichungen gegenüber den vorangehenden Testfällen analysiert sowie weitere Testfälle festgelegt.[56]

- Phase 6 (Systemeinführung):

Nach erfolgreichem Abschluß des Abnahmetests erfolgt die Einführung (Implementierung) des neuen DV-Systems. Damit erfolgt die Übergabe der Verantwortlichkeit auf

■ die auftraggebenden Fachabteilungen und
■ das Rechenzentrum.

Der Einführung geht eine förmliche Programmfreigabe voraus, bei der die Vollständigkeit der Dokumentation, meist von einer Gruppe erfahrener Mitarbeiter, geprüft wird.

Um eine reibungslose Systemeinführung gewährleisten zu können, wird ein Umstellungsplan erarbeitet, der festlegt, wer zu welcher Zeit welche Arbeit zu erledigen hat. Die wichtigste Aufgabe ist dabei die sorgfältige Datenerfassung und -eingabe sowie die Einrichtung neuer Dateien. Ein weiterer Aspekt sind die Schulungsmaßnahmen, die aber im Phasenkonzept keiner genauen Phase zugeordnet werden. Der Autor gibt lediglich den Hinweis, daß diese bereits vor der letzten Phase beginnen.[57]

Die Phaseneinteilung beim Fremdbezug von Standardsoftware unterscheidet sich von der Phaseneinteilung bei der Eigenentwicklung durch die Phase 4 (Anschaffung von Standardsoftware), denn diese ersetzt die Phasen 4 und 5 der Eigenentwicklung. In Phase 4 (Anschaffung von Standardsoftware) sollen folgende Aufgaben bewältigt und Ziele erreicht werden:

Kern der Anschaffung von Standardsoftware nach Stahlknecht ist der Auswahlprozeß. Dieser wird in folgenden 3 Schritten ausgeführt:

■ Ausschreibung bzw. Angebotseinholung,
■ Grobbewertung der Angebote,
■ Feinbewertung der Angebote und Endauswahl.

Bei der Ausschreibung wird auf der Grundlage der Ist-Analyse und des Grobkonzeptes ein Fragenkatalog zusammengestellt. Anhand der Antworten auf den Fragenkatalog wird dann eine Vorauswahl (Grobbewertung) durchgeführt. Die verbleibenden Angebote werden durch eine Feinbewertung solange selektiert, bis ein Anbieter verblieben ist, der den Ansprüchen des

---

[56] Vgl.: Stahlknecht, P.: Einführung in die Wirtschaftsinformatik. Berlin u.a. 1993. S.: 279 - 294.
[57] Vgl.: Stahlknecht, P.: Einführung in die Wirtschaftsinformatik. Berlin u.a. 1993. S.: 315 - 318.

Unternehmens am ehesten gerecht wird. Die Feinbewertung kann dabei unterschiedliche Aktivitäten beinhalten, wie beispielsweise:

- Einzelgespräche mit den Anbietern,
- Einsicht in Benutzerhandbücher,
- Vorführungen,
- Vergleichsrechnungen etc.

Der Vertragsabschluß mit dem Anbieter, für den sich das Unternehmen entschieden hat, stellt den Abschluß der Phase dar. Die Einführung erfolgt dann analog zur Einführung von Individualsoftware.[58]

3.1.6 Phasenmodell für den Fremdbezug von Grupp

Grupp unterscheidet bei seinem sehr praxisorientierten Phasenkonzept folgende Vorgehensschritte zur Beschaffung von Standardsoftware:

(1) Projektauslösung mit Zielsetzung und Auftrag
(2) Sammlung von Marktinformationen
(3) Zusammensetzung fachlicher Anforderungen (Ist-Analyse und Sollkonzeption)
(4) Zusammenstellung systemtechnischer Anforderungen (Hardware, Betriebssystem u.ä.)
(5) Pflichtenhefterstellung
(6) Evaluationsabwicklung bis zum Vertragsabschluß
(7) Software-und Hardwareinstallation, Softwareanpassung und Schulungsaktivitäten
(8) Anpassung der Umfeldorganisation und Softwareeinführung[59]

Der Schwerpunkt in den Büchern von Grupp, die sich mit der Einführung und Auswahl von Standardsoftware befassen, liegt eindeutig auf der Pflichtenhefterstellung. Grupp versucht, durch zahlreiche Fallbeispiele für Pflichtenhefte und Checklisten für die Vertragsgestaltung, Praxisnähe in seinen Büchern zu demonstrieren und Schritt für Schritt ein Konzept zu erarbeiten, an das sich der Leser bei der Beschaffung einer neuen Standardsoftware punktgenau halten kann.

---

[58] Vgl.: Stahlknecht, P.: Einführung in die Wirtschaftsinformatik. Berlin u.a. 1993. S.: 303 - 309.
[59] Vgl.: Grupp, B.: Standardsoftware richtig auswählen und einführen. Wuppertal 1994. S.: 12.

3.1.7 Methodenvergleich und zusammenfassende Kritik an den vorgestellten Phasenkonzepten

Manche der bisher vorgestellten Methoden unterscheiden sich nur durch ihren Detaillierungsgrad (z.B.: Wasserfallmodell und Software Engineering Environment Modell). [60] Die meisten Phasenkonzepte (u.a.: das hier bereits vorgestellte Phasenkonzept von Balzert) wurden entwickelt mit der Zielsetzung, ein Entwicklungsvorhaben zu unterstützen, und sind daher nur bedingt für die Einführung und Auswahl von Standardsoftware einsetzbar, da die Frage der Individualentwicklung in diesem Rahmen nur eine untergeordnete Rolle spielt (z.B.: Schnittstellenanpassung). Standardsoftware-spezifische Probleme bzw. Aktivitäten wie :

- die Parametisierung der Funktionen,
- das Prototyping und
- die Modellierung von Geschäftsprozessen,

spielen bei allen Phasenkonzepten nur eine untergeordnete Rolle bzw. bleiben unerwähnt. Lediglich das Spiralmodell geht ausführlich auf das Prototyping ein, vernachlässigt jedoch wie die anderen Phasenmodelle die Parametisierung und die Modellierung. Die vorgestellten Phasenkonzepte, mit Ausnahme des Phasenmodells von Grupp, sind nicht als Checkliste bei der Einführung von Standardsoftware verwendbar. Den Phasenmodellen liegt meist eine technische Sicht der Dinge zugrunde. Die Belange der zukünftigen Nutzer werden kaum berücksichtigt (Vernachlässigung einer Beteiligung der zukünftigen Benutzer am Projekt), Grupp bildet hier ebenfalls eine Ausnahme. Nach der Realisierung des Projektes ist nur eine kurze Einführungsphase vorgesehen, auf eine organisatorische Implementierung wird verzichtet. Ein weiterer vernachlässigter Aspekt ist die Zusammenstellung eines Projektteams. Es wird weder auf die Auswahl der geeigneten Mitarbeiter, noch auf Fragen der Projektorganisation eingegangen. Grupp setzt sich in seinen Büchern damit auseinander.

Weitere Kritikpunkte sind, daß die Phasenkonzepte sehr starr sind und an die speziellen Gegebenheiten des jeweiligen Projektes nur sehr schwer oder gar nicht angepaßt werden können. Ein Streitpunkt ist, ob Wartung und Pflege eine eigene Phase, wie in den vorgestellten Phasenmodellen, darstellen sollen oder, ob sie eine eigene Organisationsform benötigen, da diese einen sehr erheblichen Aufwand während der Lebensdauer eines Systems ausmachen.[61]

---

[60] Vgl.: Priemer, J.: Entscheidungen über die Einsetzbarkeit von Software anhand formaler Modelle. Sinzheim 1995. S.: 53.
[61] Vgl.: Jochem, M.: Einführung integrierter Standardsoftware: ein ganzheitlicher Ansatz. Frankfurt 1998. S.: 202 - 203.

3.2 Phasenmodell für die Einführung und Auswahl von Standardsoftware für KMU

Das nachfolgende Phasenmodell folgt keineswegs ausschließlich nur einem bestimmten Vorgehensmodell, es ist vielmehr eine Zusammenfassung der positiven Eigenschaften, der in der Literatur sich befindlichen Phasenmodellen, unter Einbringung der im Rahmen der praktischen Arbeit erworbenen Erkenntnisse. Dies schließt auch Phasenmodelle ein, die nicht unter Kapitel 3.1 dargestellt wurden und beinhaltet die Vorteile sowie die Übereinstimmungen (wenn sinnvoll) der einzelnen Phasenmodelle.

Das im folgenden Kapitel dargestellte Phasenmodell vermeidet die im vorhergehenden Kapitel aufgezählten Defizite der einzelnen Phasenmodelle. Kern des vorgestellten Phasenkonzeptes bildet das Phasenkonzept von Grupp, da es den Ansprüchen eines Vorgehensmodells für KMU am nächsten kommt. Dies liegt daran, daß es als einziges Phasenkonzept speziell für den Fremdbezug von Standardsoftware in KMU entwickelt wurde. Ziel ist es, ein Vorgehensmodell zu präsentieren, das nach dem folgenden dargestellten Konzept in der Praxis von KMU angewandt werden kann. Dabei ist zu beachten, daß je nach Ausgangssituation das Vorgehensmodell projektspezifisch vom Anwender angepaßt werden kann, wie dies beispielhaft in Kapitel 4 (Praxis) geschieht.

Im folgenden Kapitel wird die Einführung von Standardsoftware im Rahmen eines DV-Projektes durchgeführt, da eine Vielzahl unterschiedlicher Abteilungen und Geschäftsprozesse bei der Einführung einer neuen Standardsoftware betroffen sein können.

Generell ist ein Projekt durch folgende Hauptmerkmale gekennzeichnet:

- Einmaligkeit für das Unternehmen
- Die zu bewältigende Aufgabe setzt sich aus mehreren Teilaufgaben zusammen
- Beteiligung mehrerer Stellen unterschiedlicher Fachrichtungen
- Teamarbeit
- Das durchzuführende Projekt steht, in Bezug auf die Betriebsmittel, in Konkurrenz zu anderen Projekten (Personal, Sachmittel, Gerätebenutzung etc.)
- Das Projekt benötigt ein Minimum an Zeit und Aufwand
- Es besitzt einen definierten Anfang und ein definiertes Ende (Ziel)

DV-Projekte, auf die sich die vorliegende Arbeit bezieht, sind durch folgende spezielle Merkmale gekennzeichnet,

- daß sie die Entwicklung von DV-Anwendungssystemen beinhalten können (dies muß nicht für den Fremdbezug zutreffen),
- daß der überwiegende Teil des Projektteams aus DV-Spezialisten oder Mitgliedern der DV-Abteilung besteht und
- daß der Projektleiter in den meisten Fällen selbst Mitglied der DV-Abteilung ist.[62]

---

[62] Vgl.: Stahlknecht, P.: Einführung in die Wirtschaftsinformatik. Berlin u.a. 1993. S.: 237.

3.2.1 Projektinitiierung

Die vorbereitenden Tätigkeiten eines Projektes zur Einführung von Standardsoftware laufen zeitlich vor dem eigentlichen Einführungsprojekt ab. Beispielsweise müssen Mitarbeiter für das Projekt ausgewählt, benannt und freigestellt werden, ebenso muß die grundsätzliche Entscheidung für eine neue Standardsoftware an erster Stelle jedes Projektes stehen.[63]

Der Anstoß, eine neue Standardsoftware anzuschaffen, kann von interner Seite (z.B.: der Unternehmensleitung, den Fachabteilungen, der DV-Abteilung), oder von externer Seite (z.B.: Hardwareherstellern, Softwarefirmen, Unternehmensberatungen, Hochschulinstituten oder der IHK) kommen. KMU informieren sich über neue DV-Anwendungsmöglichkeiten laut Institut der deutschen Wirtschaft vorwiegend durch:

- Fachzeitschriften,
- Vertreterbesuche,
- Fachmessen,
- Kontakte zu Firmen derselben Branche und
- Teilnahme an Seminaren.[64]

In dieser ersten Phase fällt die Entscheidung über Eigenentwicklung oder Fremdbezug einer neuen Software. Bei KMU ist diese Frage zu vernachlässigen, da diese nicht über die finanziellen Möglichkeiten verfügen, um eine eigene Entwicklungsmannschaft zu beschäftigen. Anhand einer vorläufigen Wirtschaftlichkeitsrechnung werden die zu erwartenden Kosten und der zu erwartende Gewinn gegenübergestellt, um einer eventuellen Fehlinvestition vorzubeugen und den finanziellen Rahmen für das durchzuführende Projekt abzustecken. Dies ist vor allem von Bedeutung für die Projektgröße, die auch von den finanziellen Mitteln abhängt und die Entscheidung bestimmt, ob zunächst nur einzelne Komponenten einer Standardsoftware eingeführt werden oder gleich eine Gesamtlösung angestrebt wird.

Schwerpunkt dieser ersten Phase, die man auch als Vorstudie bezeichnen kann, ist die Zusammensetzung des Projektteams, das die Einführung und Auswahl von Standardsoftware durchführt. Ein Projektteam kann sich je nach Größe der einzuführenden Standardsoftware (einzelne Komponenten oder Gesamtlösung) aus einer Person oder einem ganzen Projektteam, bestehend aus Mitgliedern des Vorstandes, der DV-Abteilung und der betroffenen Fachabteilungen zusammensetzen. Wichtig ist, daß vor allem auch bei kleineren Projekten eine bestimmte Person als Verantwortlicher für das Gelingen des Projektes bestimmt wird, die auch die Projektdurchführung überwacht und plant.[65] Dies ist in der Regel der Projektleiter, der auch für die Hardware- und die Softwarefirma als Ansprechpartner fungiert und in dieser

---

[63] Vgl.: Jochem, M.: Einführung integrierter Standardsoftware: ein ganzheitlicher Ansatz. Frankfurt 1998. S.: 206.
[64] Vgl.: Stahlknecht, P.: Einführung in die Wirtschaftsinformatik. Berlin u.a. 1993. S.: 243.
[65] Vgl.: Grupp, B.: EDV-Pflichtenheft zur Hardware- und Softwareauswahl. Köln 1995. S.: 9 - 12.

Funktion folgende Aufgaben übernimmt:

- Aufnahme des Mengengerüsts und der Abläufe
- Erstellung eines groben Pflichtenheftes
- Feststellung möglicher Anbieter
- Vorbereitung und Durchführung der Verhandlungen mit den potentiellen Anbietern
- Überwachung der Hardware und Softwareinstallation
- Leitung der Umstellung.

Der Projektleiter ist darüber hinaus für die Führung und Motivation der Projektmitarbeiter und der zukünftigen Anwender zuständig. In den meisten Fällen ist er Mitglied der DV-Abteilung, da deren Mitglieder über das nötige Know-how verfügen. Bei größeren Projekten wird zusätzlich ein Entscheidungsträger für ein Softwareprojekt bestimmt. Dieser kann, je nach Größe des Softwareprojektes der Vorstand, ein Entscheidungsausschuß aus Führungskräften oder der Leiter des zuständigen Fachbereichs sein. Das Projektteam besteht im Kern aus einem DV-Spezialist und einem Anwendungsmitarbeiter. Dieses Kernteam kann bei Bedarf erweitert werden. Externe DV-Spezialisten (meist Mitarbeiter des Softwareanbieters) ergänzen das Team entsprechend bei der Einführung und der Anpassung der bei Ihnen gekauften Standardsoftware. In welchem Umfang dies geschieht, hängt unter anderem davon ab, inwieweit dieser im Softwarevertrag festgelegt wurde. Die Funktion eines externen DV-Spezialisten kann jedoch auch von einem unabhängigen Fachmann übernommen werden. Dieser übernimmt folgende Aufgaben bei der Planung, Auswahl und Einführung:

- Festlegung der Vorgehensweise;
- Durchführung einer Voruntersuchung, ob sich eine Umstellung lohnt;
- Mitwirkung bei der Hardware- und Softwareevaluation.

Dabei ist zu bedenken, daß ein solcher unabhängiger Fachmann kostspieliger ist als ein Mitarbeiter des Softwarelieferanten. Die Vorteile externer Fachleute gegenüber den eigenen Mitarbeitern liegen

- in der Erfahrung auf ihrem Fachgebiet und
- in der Kenntnis der Methodik und der systematischen Vorgehensweise.

Nachteile bei der Beschäftigung externer Fachleute sind neben dem Kostenfaktor:

- die fehlenden Problemkenntnisse der Anwenderfirma,
- eventuelles Desinteresse an einer optimalen Lösung (Zeitverbrauch bei einem Festpreisauftrag) und
- das Aufdrängen vorhandener Standardlösung ohne Rücksicht auf die betriebsspezifischen Probleme.

Es kann keine generelle Antwort darauf geben, ob ein solcher externer Fachberater beschäftigt werden sollte. Dies muß von Fall zu Fall entschieden werden. Hier soll lediglich auf die Vor- und Nachteile aufmerksam gemacht werden, die externe Berater mit sich bringen.[66]

---

[66] Vgl.: Grupp, B.: EDV-Pflichtenheft zur Hardware- und Softwareauswahl. Köln 1995. S.: 9 - 12.

Um sich ein genaues Bild von einem Berater machen zu können, gibt es eine Vielzahl von Möglichkeiten der Auswahl:

- Einladung zu einem Vorstellungsgespräch,
- das Anfordern eines Profils des in Frage kommenden Beraters,
- Durchführung gemeinsamer Workshops oder
- Erläuterung möglicher Vorgehensweisen und deren Vergleich.[67]

Ein weiterer, wichtiger zu besetzender Posten im Projektteam ist der des DV-Koordinators. Seine Aufgabe ist es, als Mitarbeiter der von der neu einzuführenden Standardsoftware betroffenen Abteilung, die Interessen seiner Abteilung gegenüber der DV-Abteilung und dem Softwareanbieter zu verteidigen. Er wirkt auch produktiv am Projekt mit. Diese Funktion wird nur nebenamtlich ausgeführt. Dadurch sollen die Interessen der Abteilungen berücksichtigt und so die Akzeptanz der neuen Software gesteigert werden.[68] Abbildung 12 zeigt den Aufbau einer möglichen Projektorganisation.

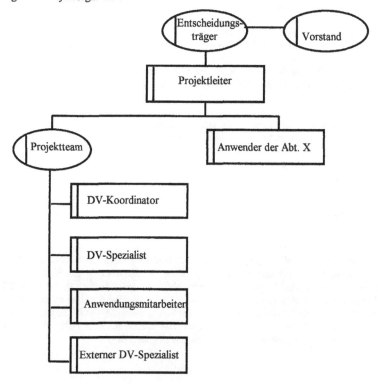

Abbildung 12: Organisationsstruktur einer möglichen Projektorganisation

---

[67] Vgl.: Jochem, M.: Einführung integrierter Standardsoftware: ein ganzheitlicher Ansatz. Frankfurt 1998. S.: 207.
[68] Vgl.: Grupp, B.: Standardsoftware richtig auswählen und einführen. Wuppertal 1994. S.: 8 - 10.

Bei "größeren" mittelständischen Unternehmen (siehe Kapitel 2.1: bis zu 499 Beschäftigte), die umfangreichere DV-Projekte in Angriff nehmen (bspw.: es wird eine neue Standardsoftware gesucht, die fast alle Unternehmensbereiche betrifft), kann es angebracht sein, mehrere Projektteams zu bilden, z. B.: je ein Team für die Finanzbuchhaltung, die Kostenrechnung, die Personalabrechnung, etc.[69]

Am Ende der ersten Phase steht ein klarer Projektauftrag, der von der Geschäftsleitung oder einer entscheidungsbefugten Führungskraft in schriftlicher Form erteilt wird. Im Projektauftrag sollten folgende Punkte festgelegt werden:

- Wer übernimmt die Projektleitung ?
- Ist ein Projektteam nötig und wer übernimmt gegebenenfalls welche Funktion ?
- Welche Gebiete soll die neue Standardsoftware umfassen ?
- Welche Ziele werden angestrebt ?
- Welche Zwischenergebnisse müssen den Entscheidungsträgern vorgelegt werden (bspw.: Vorlage und Genehmigung des Pflichtenheftes) ?
- Bis zu welchem Zeitpunkt soll die Standardsoftware eingeführt sein (als erste Grobschätzung) ?
- Wie hoch ist die Investitionssumme für die Softwarebeschaffung und die anfallenden Nebenkosten und wie hoch sind die laufenden Kosten (bspw.: für Wartung), die investiert werden dürfen ?

Ist der Projektauftrag erteilt, kann mit der eigentlichen Durchführung des Projektes zur Einführung und Auswahl der neuen Standardsoftware begonnen werden.[70]

3.2.2 Ist-Analyse

Am Beginn der Auswahl der geeigneten Standardsoftware steht die Ist-Analyse. Die Ist-Analyse und das darauf aufbauende Sollkonzept bilden die Grundlage für das Pflichtenheft, das die zentrale Rolle bei der Auswahl der Standardsoftware spielt. Bevor mit der eigentlichen Analyse begonnen werden kann, muß festgelegt werden, welche Angaben zu erheben sind, welche Techniken dabei angewandt werden dürfen und in welcher Form die Ergebnisse dargestellt werden sollen.[71] Die Ist-Analyse besteht im wesentlichen aus zwei Teilen, der Erhebung des Ist-Zustandes (Ist-Aufnahme) und der Schwachstellenanalyse.

---

[69] Vgl.: Jochem, M.: Einführung integrierter Standardsoftware: ein ganzheitlicher Ansatz. Frankfurt 1998. S.: 207.
[70] Vgl.: Grupp, B.: Standard-Software richtig auswählen und einführen. Wuppertal 1994. S.: 16 - 17 und Vgl.: Grupp, B.: EDV - Pflichtenheft zur Hardware- und Softwareauswahl. Köln 1995. S.: 20.
[71] Vgl.: Stahlknecht, P.: Einführung in die Wirtschaftsinformatik. Berlin u.a. 1993. S.: 247.

Um die Ist-Analyse auf die wesentlichen Punkte zu reduzieren, die für die Softwarebeschaffung nötig sind, werden folgende Grundsätze berücksichtigt:

- bei der Aufnahmemethodik wird nach der Top-down-Vorgehensweise vorgegangen,
- es ist abzuwägen, wann eine weitere Vertiefung des Aufnahmezweigs unökonomisch ist (Oftmals wird bei der Ist-Aufnahme der falsche Grundsatz: je detaillierter, desto besser, befolgt),
- die Ist-Analyse sollte auf Punkte beschränkt werden, die das Softwarepflichtenheft betreffen,
- nach Möglichkeit sollte die Ist-Aufnahme anhand von Beispielen dokumentiert werden und
- die Ergebnisse sollten in einer übersichtlichen Dokumentation münden, die auch für Aussenstehende verständlich ist (bspw.: Nutzung formaler Modellierungsmethoden).[72]

3.2.2.1 Ist-Aufnahme

Die Ist-Aufnahme hat das Ziel, den Zustand des Bereiches, in welchem die Standardsoftware eingesetzt werden soll, genau zu untersuchen und zu dokumentieren. Zu Beginn der Ist-Aufnahme wird anhand des Projektauftrages festgelegt,

- welche betrieblichen Arbeitsgebiete erhoben und analysiert werden sollen (z.B.: Fakturierung, Lohnbuchhaltung) und
- welche Abteilungen dazu untersucht werden müssen (z.B.: Vertrieb, Geschäftsbuchhaltung).

Es kann auch zusätzlich eine negative Abgrenzung erfolgen, in der festgelegt wird, welche Stellen bzw. Abteilungen in die Untersuchung nicht mit einbezogen werden sollen. Eine solche Negativabgrenzung kann bei größeren DV-Projekten sinnvoll sein, um eventuellen Mißverständnissen bei der positiven Abgrenzung von vornherein entgegenzuwirken.

Im einzelnen sind zu erheben:

- die Arbeitsabläufe mit zeitlichem Verlauf und die daran beteiligten Stellen,
- die Schnittstellen zu internen und zu externen Stellen,
- das Mengengerüst aller benutzten Daten und
- die Kosten.[73]

Das Mengengerüst der benutzten Daten könnte beispielsweise folgende Angaben enthalten:

- Bestandsdaten: Kunden, Artikel, Lieferanten, Debitoren- /Kreditoren-/ Sachkonten, Lagerpositionen,
- Bewegungsdaten (pro Monat): Kundenaufträge, Bestellungen bei Lieferanten, Lagerentnahmen/-zugänge, Ausgangs-/Lieferantenrechnungen, Zahlungseingänge/ -ausgänge, Mahnungen,
- Material- und Fertigungsdaten (in Fertigungsbetrieben).

---

[72] Vgl.: Grupp, B.: Standardsoftware richtig auswählen und einführen. Wuppertal 1994. S.: 18.
[73] Vgl.: Stahlknecht, P.: Einführung in die Wirtschaftsinformatik. Berlin u.a. 1993. S.: 248.

Um die vorhandenen Arbeitsabläufe genau zu erfassen, müssen folgende Punkte, die in der nachstehenden Abbildung aufgeführt sind, dem Projektteam bekannt sein:

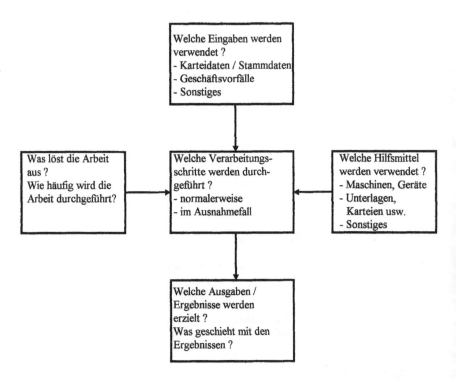

Abbildung 13: Fragestellung bei der Aufnahme der vorhandenen Arbeitsabläufe und Datenträger[74]

Um einen Überblick über die vorhandenen Informationen zu erhalten, werden die

- benutzten Karteien und Vordrucke (einschließlich aller Durchschriften),
- Daten,
- Formulare,
- Listen,
- Hilfsmittel (bspw.: Kopierer, Faxgeräte, Registraturen etc.),
- alle existierenden Schlüsselsysteme und manuell erstellten Berichte und
- bereits eingesetzte Programme und Datenbestände

der von der neuen Standardsoftware betroffenen Abteilungen zusammengestellt.

---

[74] Grupp, B.: EDV-Pflichtenheft zur Hardware- und Softwareauswahl. Köln 1995. S.: 30.

Dabei ist zu beachten, daß für Karteien und Formulare unter anderem folgende wesentliche Punkte festgehalten werden:

- Name der Kartei, des Formulars bzw. der Datei,
- Zweck des Formulars bzw. der Kartei oder der Datei,
- Inhalt und Länge der einzelnen Dateifelder,
- Abteilung in der das Formular bzw. die Kartei oder die Datei erstellt wurde,
- die Anzahl der jeweiligen Kopien und der Verteiler,
- das Speichermedium,
- das Sortierkriterium,
- bei Stammdaten: die Anzahl der Sätze und Änderungen pro Monat,
- bei Bewegungsdaten: die Anzahl der Bewegungen pro Monat,
- die Aufbewahrungsdauer und -grundsätze (hängen von den jeweiligen Steuerrichtlinien ab),
- Bemerkungen, falls nötig eventuelle Problemfelder bei der bestehenden Lösung sowie Wünsche bzw. Verbesserungsvorschläge.

Um die benötigten Informationen zu sammeln, gibt es eine Reihe von Erhebungstechniken:

- mündliche Techniken: Interview, Konferenztechnik etc.,
- schriftliche Techniken: Fragebogen, Beschreibungsblätter, Unterlagenstudium, Selbstaufschreibung etc.,
- verschiedenartige Beobachtungsmethoden bis hin zu der aufwendigen Multimomentaufnahme. [75]

Im folgenden werden kurz die gebräuchlichsten Erhebungstechniken erläutert:

Das Interview ist die am häufigsten angewandte und ergiebigste Erhebungsmethode. In der Regel wird es immer auf einen Gesprächspartner beschränkt. Dem Interview geht meist ein Fragebogen voraus, den der Gesprächspartner bereits vorher auszufüllen hat. Das Interview läuft nach einer schriftlich strukturierten Vorlage ab. Das Interview, dessen Ergebnisse zu protokollieren sind, dient unter anderem auch dazu, offene und versteckte Widerstände innerhalb der Belegschaft gegen organisatorische Veränderungen aufzudecken und kann eventuellen Ängsten vor einer Umstrukturierung entgegenwirken.
Bei der Konferenztechnik (Besprechung) können widersprüchliche Argumente aus den unterschiedlichen Interviews im größeren Kreis besprochen werden. Zu besprechende Themen werden im Vorfeld der Besprechung festgelegt. Die Ergebnisse der Konferenz werden protokolliert.

Die schriftlichen Berichte einer Erhebung beinhalten nach Möglichkeit folgende Merkmale:

- Ersteller des Dokuments (Name des für den Inhalt Verantwortlichen),
- Empfänger des Dokuments ("Verteiler"),
- Inhalt des Dokuments (z.B.: Menge oder Kosten),
- Frequenz des Dokuments (z.B.: täglich, monatlich, oder nur auf Anforderung),
- Art der Erstellung (manuell oder computergestützt).

---

[75] Vgl.: Grupp, B.: EDV-Pflichtenheft zur Hardware- und Softwareauswahl. Köln 1995. S.: 22.

Das Unterlagenstudium stellt die wichtigste schriftliche Erhebungstechnik dar. Es findet immer zu Beginn einer Erhebung statt, da es eine breite Informationsbasis liefert. Dabei werden alle aktuellen schriftlichen Unterlagen, die das DV-Projekt betreffen, analysiert. Zu diesen Unterlagen können, je nach Einsatzgebiet der zukünftigen Standardsoftware, z.B. folgende Unterlagen zählen:

- Geschäftsberichte, Bilanzen, Aktionärsmitteilungen;
- Organisationshandbücher und -pläne, Stellenbesetzungspläne, Stellenbeschreibungen;
- Formulare, Listen, Berichte;
- Produktbeschreibungen, Kunden- und Lieferantenverzeichnisse;
- Betriebsablaufpläne, technische Verfahrensbezeichnungen;
- Arbeitszettel, Akkordscheine, Materialentnahmescheine;
- Materialflußpläne, Erzeugnisstrukturen, Stücklisten;
- Tarifverträge, Betriebsvereinbarungen.

Ferner gehört das Studium vorhandener Softwareprogramme dazu, sofern diese das Einsatzgebiet der zukünftigen Standardsoftware betreffen. Dabei sind folgende Informationen zu erheben:

- Programmdokumentation;
- Datenflußpläne, Programmabläufe;
- Datei- und Datensatzbeschreibung einschließlich Datenarten, usw.;
- Erfassungsbelege, Eingabemasken;
- Abfrage- und Auswertungsmöglichkeiten;
- Ausgabemasken und Drucklisten;
- Benutzerführung;
- Datenschutz- und Datensicherungsmaßnahmen;
- Hardware- und Systemsoftware-Voraussetzungen.

Trotzdem muß das Unterlagenstudium durch andere Erhebungstechniken ergänzt werden.

Eine weitere, noch erwähnenswerte schriftliche Erhebungstechnik, ist der Fragebogen. Bei der Erstellung des Fragebogens sollten die wichtigsten Grundsätze beachtet werden, dazu zählen unter anderem, das dieser strukturiert, präzise und leicht verständlich ist und durch Kontrollfragen ergänzt wird. Es bietet sich an, dem Fragebogen ein Begleitschreiben beizulegen, um den Befragten die Bedeutung des Fragebogens zu erläutern. Zu berücksichtigen ist, daß die Angaben, die im Fragebogen gemacht werden, nicht immer der Wahrheit entsprechen, oder die Befragten sich bei der Beantwortung untereinander absprechen.

Bei der Beobachtung werden optische Eindrücke von Arbeitsabläufen interpretiert. Man unterscheidet die strukturierte Beobachtung, beispielsweise die Multimomentaufnahme, und die unstrukturierte Beobachtung, beispielsweise die Dauerbeobachtung. Zu beachten ist, daß sich der Beobachtete, wenn er sich seiner Beobachtung bewußt ist, sich eventuell anders verhält, als unter normalen Umständen. Ein weiterer Nachteil ist, daß die Beobachtung eine sehr zeitintensive Erhebungstechnik darstellt. Sie wird besonders in Fällen angewandt, in denen die Interviews zu widersprüchlichen Aussagen geführt haben.

Die Selbstaufschreibung dient dazu, vorhandene Formulare zu erläutern, sowie Zeiten und Mengen zu ermitteln. Sie wird vor allem bei der Untersuchung von Bürotätigkeiten genutzt.

Die unterschiedlichen Erhebungstechniken schließen einander nicht aus, vielmehr sollten nicht nur eine einzige Methode angewandt werden, sondern möglichst viele, um den Betrachtungsgegenstand aus verschiedenen Blickwinkeln zu erfassen und subjektive Einschätzungen auszuschließen. (Beispielsweise besteht im Interview die Gefahr, daß Mitarbeiter Problemfelder verschweigen, um die Arbeit der eigenen Person nicht herabzusetzen.).[76]

Typische Fragestellungen bei der Erhebung (unabhängig von der Erhebungstechnik) können wie folgt lauten:

■ Wer liefert welche Daten ?
■ Wer erstellt welche Belege ?
■ Wer erfaßt welche Daten ?
■ Wer bearbeitet welche Daten ?
■ Wer benutzt welche Daten (und wie) ?
■ Wer erhält welche Auswertungen (und wozu) ?

Dabei werden die Fragen nach dem Grundsatz: kurz, präzise und für jedermann verständlich, formuliert werden.[77]

Um die im Rahmen der Erhebung gewonnen Daten und Ergebnisse adäquat darstellen zu können, gibt es eine Reihe von Darstellungstechniken, die sich auf grafische, tabellarische oder sprachliche Beschreibungsmittel (oder eine Kombination dieser Beschreibungsmittel) stützen. Diese Darstellungstechniken, die im folgenden auch als Modellierungstechniken bezeichnet werden, werden von Scheer als eine formale Beschreibung eines Betrachtungsgegenstandes definiert. Durch die Modellierungstätigkeit werden Daten-, Organisations-, Steuerungs-, Leistungs- und Funktionsmodelle erstellt, die ein Unternehmen oder einen Unternehmensausschnitt darstellen. Die verschiedenen Modelle stellen dabei jeweils eine unterschiedliche Sichtweise auf das Unternehmen bzw. den Unternehmensausschnitt dar.[78]
Die unterschiedlichen Modellierungsmethoden wurden entsprechend den verschiedenen Beschreibungssichten des Architektur integrierter Informationssysteme (ARIS) -Konzeptes von Scheer (vgl. Abbildung 14) festgelegt. Das ARIS-Konzept von Scheer beruht auf der Analyse betrieblicher Vorgangsketten (bspw.: Analyse der gesamten Auftragsbearbeitung von der Auftragsannahme bis zum Versand). Eine Vorgangskette besteht aus folgenden Elementen:

■ Vorgänge bzw. Funktionen (zeitverbrauchendes Geschehen, z.B.: Versand),
■ Ereignisse (Start- und End-Ereignisse definieren Beginn und Ende eines Vorgangs, z.B.: Ankunft eines Kundenauftrages),
■ Zustände eines Aufgabenumfeldes (zur Steuerung des Vorgangs, z.B.: Lagerbestände),
■ Benutzer und Organisationseinheiten (z.B.: Abteilungen) sowie
■ Betriebsmittel der Informationstechnik

---

[76] Vgl.: Stahlknecht, P.: Einführung in die Wirtschaftsinformatik. Berlin u.a. 1993. S.: 252 - 254.
[77] Vgl.: Stahlknecht, P.: Einführung in die Wirtschaftsinformatik. Berlin u.a. 1993. S.: 249.
[78] Vgl.: Scheer, A.-W.: Architektur integrierter Informationssysteme. Berlin u.a. 1992. S.: 61.

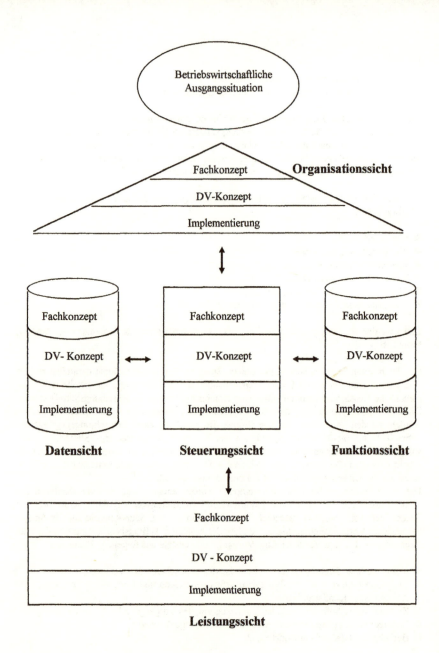

Abbildung 14: ARIS-Architektur nach Scheer[79]

---

[79] Vgl.: Scheer, A.-W.: ARIS - Modellierungsmethoden, Metamodelle, Anwendungen. Berlin u.a. 1998. S.: 1.

Die Elemente der Vorgangskette werden nach Scheer in folgende Sichtweisen unterteilt:

■ Die Datensicht (Beschreibung der Ereignisse und Zustände des Bezugsumfeldes von Unternehmen),
■ die Funktionssicht (Beschreibung der auszuführenden Funktionen eines Unternehmens sowie ihrer hierarchischen Zusammenhänge),
■ die Organisationssicht (Beschreibung der Benutzer und Organisationseinheiten eines Unternehmens sowie ihrer Kommunikations- und Weisungsbeziehungen),
■ die Leistungssicht (Beschreibung aller materiellen und immateriellen Input- und Outputleistungen),
■ die Steuerungssicht (Beziehungen zwischen den einzelnen Sichten).

Wie aus der Abbildung ersichtlich wird, besteht jede Sicht aus 3 Phasen:

■ dem Fachkonzept, in dem das zu realisierende Anwendungssystem so weit formalisiert beschrieben wird, daß es als Ausgangspunkt für eine konkrete Realisierung dienen kann (in dieser Phase stehen betriebswirtschaftliche Inhalte im Vordergrund),
■ dem DV-Konzept, in dem das Fachkonzept in die Begriffswelt der Informationsverarbeitung umgesetzt wird,
■ der technischen Implementierung, in der das DV-Konzept auf konkrete hard- und softwaretechnische Komponenten umgesetzt wird.

Im Rahmen der Einführung von Standardsoftware ist lediglich die Fachkonzept-Ebene von Interesse, da das DV-Konzept und die technische Implementierung in den Aufgabenbereich des Anbieters der Standardsoftware gehört. Das Fachkonzept ist nicht nur im Rahmen der Ist-Analyse von Bedeutung, in der die bestehenden Geschäftsprozesse modelliert werden (dies betrifft insbesondere die Geschäftsprozesse, die auch in Zukunft beibehalten werden sollen), sondern auch in der darauf folgenden Phase, dem Sollkonzept, in der die zukünftigen Geschäftsprozesse modelliert werden.[80]
Für jede Sicht bzw. jedes Modell, können verschiedene Modellierungstechniken festgelegt werden.
Die Datensicht bzw. Datenmodellierung, ist die älteste und am weitesten verbreitete Modellierungstechnik. Für sie hat sich das Entity-Relationship Model (ERM) durchgesetzt, welches im Jahre 1976 von Peter Pin-Shan Chen vorgestellt wurde. Auf eine Darstellung des ERM wird in dieser Arbeit verzichtet, nähere Informationen sind der Literatur zu entnehmen.[81] Eine weitere Modellierungstechnik der Datensicht/-modellierung ist das sogenannte "Strukturierte-Entity-Relationship-Modell" (SERM) von Sinz. Das SERM stellt eine Erweiterung des ERM von Chen dar und hat gegenüber dem ERM den Vorteil, daß auch die Möglichkeit besteht, Schemata mit größeren Umfang strukturiert darzustellen, wie dies in Unternehmen meistens der Fall ist. Ein weiterer Vorteil ist, daß in der Darstellung Existenzabhängigkeiten zwischen Objekten durch Anordnungen von links nach rechts sichtbar gemacht werden. Dies macht die Darstellung von Strukturen in einer Software leichter. Nähere Ausführungen sind der Literatur zu

---

[80] Vgl.: Scheer, A.-W.: ARIS - Vom Geschäftsprozeß zum Anwendungssystem. Berlin u.a. 1998. S.: 32 - 43.
[81] Vgl.: Scheer, A.-W.: Wirtschaftsinformatik: Referenzmodelle für Geschäftsprozesse. Berlin u.a. 1998. S.: 31 - 42.

entnehmen.[82]

Die Organisationsmodellierung ist von großer Wichtigkeit, da die Strukturen des Unternehmens mit denen der Standardsoftware in Übereinstimmung gebracht werden müssen und viele neuartige Unternehmenskonzepte (z.B.: Lean Production) einen sehr engen Bezug zur Organisation besitzen. Unter diesen und anderen Gründen hat das ARIS-Konzept der Organisation eine eigenständige Beschreibungssicht eingeräumt. Die klassische Modellierungstechnik für Organisationsstrukturen sind Organigramme. Dabei werden Organisationseinheiten in Beziehung gesetzt. Organigramme sind also eine spezielle Anwendung von Strukturdiagrammen.[83] Nähere Informationen zur Darstellung von Organigrammen findet man in der Literatur.[84]

Als geeignetes Mittel zur Beschreibung der Funktionssicht bieten sich bspw. Struktogramme an. Diese eignen sich sowohl zur Beschreibung globaler Zusammenhänge, als auch detaillierter Abläufe. Sie sind deshalb auch zur Darstellung differenzierter betriebswirtschaftlicher Entscheidungsregeln geeignet[85]. Eine genaue Darstellung von Struktogrammen ist der Literatur zu entnehmen.[86] Eine alternative Möglichkeit ist die Darstellung in Funktionsbäumen. Dabei werden Funktionen in Strukturdiagrammen in Beziehung gesetzt. Nähere Informationen zur Darstellung von Funktionsbäumen sind der Literatur zu entnehmen.[87]

Die Leistungssicht besitzt eine Kernfunktion innerhalb der Geschäftsprozeßbeschreibung, da Leistungen einerseits das Ergebnis von Prozessen sind und andererseits der Bedarf nach Leistungen auch die Veranlassung der Prozeßausführung ist. Durch diese enge Verbindung prägt die Granularität der Leistungsdefinition die Granularität der benötigten Prozesse. Zur Modellierung der Leistungssicht werden Produktbäume (bzw. Produktnetze) verwendet. Nähere Informationen sind der entsprechenden Fachliteratur zu entnehmen.[88]

Die Steuerungssicht stellt eine Verbindung zwischen der Funktions-, Daten-, Leistungs-, und Organisationssicht dar. Es muß deshalb eine Modellierungstechnik benutzt werden, die die Beziehungen zwischen allen vier Sichten behandelt.
Dabei beschreibt die Verbindung zwischen der Funktions- und Organisationssicht die Zuordnung von Funktionen einer Vorgangskette auf Organisationseinheiten eines Organigramms. Dadurch werden die von einer Organisationseinheit zu bearbeitenden Funktionsschritte einer Prozeßkette festgelegt, und die in den Funktionen enthaltenen Entscheidungskompetenzen den Organisationseinheiten zugeordnet.
Analog dazu wird die Zuordnung der Daten zu den Organisationseinheiten festgelegt (z.B.: Welche Daten auf welcher Ebene gepflegt werden.). Ebenso wird hier festgelegt, welche Daten auf welcher Ebene manipuliert werden dürfen.

[82] Vgl.: Scheer, A.-W.: ARIS - Modellierungsmethoden, Metamodelle, Anwendungen. Berlin u.a. 1998. S.: 74 - 76.

[83] Vgl.: Scheer, A.-W.: EDV-orientierte Betriebswirtschaftlehre. Berlin u.a. 1990. S.: 133.

[84] Vgl.: Scheer, A.-W.: Wirtschaftsinformatik: Referenzmodelle für Geschäftsprozesse. Berlin u.a. 1998. S.: 28 - 30.

[85] Vgl.: Scheer, A.-W.: ARIS - Modellierungsmethoden, Metamodelle, Anwendungen. Berlin u.a. 1998. S.: 52 - 58.

[86] Vgl.: Scheer, A.-W.: EDV-orientierte Betriebswirtschaftlehre. Berlin u.a. 1990. S.: 133 -134.

[87] Vgl.: Scheer, A.-W.: Wirtschaftsinformatik: Referenzmodelle für Geschäftsprozesse. Berlin u.a. 1998. S.: 19 - 20.

[88] Vgl.: Scheer, A.-W.: ARIS - Modellierungsmethoden, Metamodelle, Anwendungen. Berlin u.a. 1998. S.: 93 - 102.

Bei der Verbindung zwischen der Funktions- und der Datensicht ist zu beachten, daß bei der Datensicht Ereignisse erfaßt werden. Ereignisse sind auf einen Zeitpunkt bezogen und können als Auftreten eines Objektes oder Änderung einer bestimmten Attributausprägung definiert werden. Sie lösen Funktionen aus und sind deren Ergebnis. Man kann also die Beschreibung der Ereignissteuerung von Prozessen als eine Verbindung zwischen der Daten- und der Funktionssicht beschreiben.

Bei der Beziehung zwischen der Organisationssicht und der Leistungssicht geht es darum die Output-Leistungen eines Unternehmens den entsprechenden Dispositionsebenen zuzuordnen.

Die Verbindung der Leistungssicht mit der Funktionssicht besteht darin, daß Funktionen Input-Leistungen durch Bearbeitung in Output-Leistungen transformieren. Einer Leistung kann also eine Funktionsfolge zugeordnet werden. Die Leistungserstellung kann dann einen Prozeß auslösen bzw. Ergebnis eines Prozesses sein.

Die Beziehung zwischen Daten und Leistungen ist dadurch gegeben, daß Informationsdienstleistungen durch Daten dargestellt werden.[89]

Als Modellierungstechnik für die Steuerungssicht bietet sich das Vorgangskettendiagramm (VKD) an, da mit dieser Darstellungsform die oben beschriebenen Beziehungen zwischen den Sichten in einem Modell dargestellt werden können. Das VKD gibt eine komprimierte Darstellung und Überblick über das Unternehmen bzw. den zu behandelnden Unternehmensbereich.[90] Nähere Informationen zur Darstellung dieser Beschreibungsmethode sind der Literatur zu entnehmen.[91]

Als Alternative zum VKD kann die Steuerungssicht auch durch ereignisgesteuerte Prozeßketten (EPKs) dargestellt werden. Auf eine detaillierte Darstellung wird verzichtet. Für eine weitergehende Erklärung von EPKs wird auf die entsprechende Fachliteratur verwiesen[92].

Grundsätzlich ist eine Unternehmensmodellierung nur sinnvoll, wenn der einzuführenden Standardsoftware entsprechende Daten-, Funktions-, Organisations- Leistungs- und Steuerungsmodelle zugrunde liegen und diese vom Hersteller offengelegt werden, so daß diese miteinander verglichen werden können und eine Anpassung der Geschäftsprozesse gegebenenfalls vorgenommen werden kann.

Werden bei der Ist-Aufnahme formale Darstellungstechniken verwendet, so ist zu beachten, daß dies nur sinnvoll ist, wenn die dargestellten Prozesse beibehalten werden und somit später in die Sollkonzeption eingehen. Bei der Wahl der Modellierungstechnik muß beachtet werden, daß im Sollkonzept dieselbe Modellierungstechnik wie bei der Ist-Aufnahme angewandt wird. Wurden bei der Erstellung der Standardsoftware ebenfalls Modellierungstechniken benutzt, so müssen diese, zum Zwecke der Vergleichbarkeit (um eventuelle Anpassungsmaßnahmen der Standardsoftware aufzudecken bzw. organisatorische Änderungen im Unternehmen) mit denen der Ist-Aufnahme und der Sollkonzeption übereinstimmen. Bevor ein Modell erstellt wird, sollte man sich vorher über den Detaillierungsgrad im klaren sein. Es macht in den meisten Fällen wenig Sinn, einen Geschäftsprozeß bis ins letzte Detail zu modellieren, da die Modellierung nur bis zu einem gewissen Detaillierungsgrad zusätzliche Erkenntnisse bringt, ohne das Modell unnötig zu verkomplizieren.

---

[89] Vgl.: Scheer, A.-W.: ARIS - Modellierungsmethoden, Metamodelle, Anwendungen. Berlin u.a. 1998. S.: 102 - 169.

[90] Vgl.: Scheer, A.-W.: Wirtschaftsinformatik: Referenzmodelle für industrielle Geschäftsprozesse. Berlin u.a. 1998. S.: 47 - 64.

[91] Vgl.: Scheer, A.-W.: Wirtschaftsinformatik: Referenzmodelle für Geschäftsprozesse. Berlin u.a. 1998. S.: 47 ff.

[92] Vgl.: Scheer, A.-W.: Wirtschaftsinformatik: Referenzmodelle für Geschäftsprozesse. Berlin u.a. 1998. S.: 49 - 53.

Eine Modellierung, nach bspw. einer der hier vorgestellten Modellierungstechniken, muß nicht für alle Geschäftsprozesse und Organisationsstrukturen vorgenommen werden. Dies kann bspw. in Fällen geschehen, in denen eine Abweichung von den branchenspezifischen Gegebenheiten vermutet wird, um einen unternehmensspezifischen Geschäftsprozeß darzustellen. In einem Kleinunternehmen kann auf eine Modellierung in den meisten Fällen verzichtet werden, da keine DV-Fachleute im Betrieb vorhanden sind und eine Modellierung zu zeit- und kostenintensiv ist. Zur Darstellung genügt es meist, vorhandene ausgefüllte Formulare zu kommentieren und das Mengengerüst tabellarisch aufzuschlüsseln. (Dies gilt für Kleinunternehmen der Industrie jedoch nicht, siehe branchendifferenzierte Größenklassengrenzen in Kapitel 2.1.2). Hier ist eine Anpassung der Organisation an die neue Standardsoftware meist sinnvoller. Bei mittelständischen Unternehmen ist die Modellierung oftmals unumgänglich, da ohne eine Komplexitätsreduzierung durch die geeigneten Modelle eine sinnvolle Darstellung komplexer Sachverhalte nicht möglich ist.

3.2.2.2 Schwachstellenanalyse

Ist die Ist-Aufnahme abgeschlossen, kann darauf aufbauend nun die Schwachstellenanalyse beginnen. Ihre Hauptaufgabe besteht darin, die Ergebnisse der Ist-Aufnahme zu analysieren und zu dokumentieren. Dabei werden auch Ansätze für eine Modifikation bzw. Verbesserung der bestehenden Abläufe dokumentiert, die beispielsweise bei einer Befragung der Angestellten geäußert wurden. Die Ergebnisse der Analyse werden anschließend in einem oder mehreren Reviews überprüft.[93]

Strukturiertes Vorgehen ist bei der Ist-Analyse unerlässlich. Es gibt eine Reihe von Vorschlägen in der Literatur, wie dies geschehen kann. Aufgedeckt werden bei der folgenden Vorgehensweise zunächst:

- Schwachstellen in der Aufgabenerfüllung (z.B.: zu späte Mahnung von offenen Rechnungen, fehlerhafte Provisionsabrechnungen),
- Schwachstellen in den Auswirkungen (z.B.: Mehrfachbearbeitung von Belegen, Reklamationen) und
- Schwachstellen in der Wirtschaftlickeit (z.B.: zu hoher Materialverbrauch).

Danach kann die Ursachenforschung beginnen, indem man

- bei den Sachmitteln,
- bei den Bearbeitern,
- bei den Arbeitsabläufen,
- bei den Daten oder
- in der innerbetrieblichen Kommunikation

---

[93] Vgl.: Jochem, M.: Einführung integrierter Standardsoftware: ein ganzheitlicher Ansatz. Frankfurt 1998. S.: 208.

nach den Ursachen für die aufgedeckten Schwachstellen sucht. [94]

Bei der Suche nach Schwachstellen und deren Ursachen ist es sinnvoll, nach einem bestimmten Schema vorzugehen, wie nachfolgendes Denkschema (vgl. Abbildung 16) aufgezeigt. Es soll das Aufspüren von Schwachstellen und deren Ursachen erleichtern und vermeiden, daß diese unentdeckt bleiben.

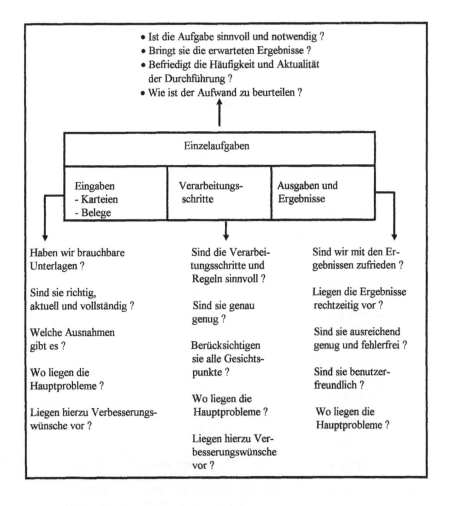

Abbildung 15: Das Denkschema einer Ist-Analyse[95]

[94] Vgl.: Stahlknecht, P.: Einführung in die Wirtschaftsinformatik. Berlin u.a.1993. S.: 258 - 259.
[95] Grupp, B.: EDV-Pflichtenheft zur Hardware- und Softwareauswahl. Köln 1995. S.: 35.

Ferner gehört es zu den Aufgaben der Schwachstellenanalyse festzustellen, ob die Abläufe im Unternehmen EDV-gerecht sind oder ob wesentliche Voraussetzungen fehlen.

Danach wird eine Bewertung des Ist-Zustandes durchgeführt. Dabei wird zwischen quantifizierbaren und nicht quantifizierbaren Mängeln unterschieden. Ziel ist es dabei, möglichst viele der aufgedeckten Mängel zu quantifizieren und monetär zu bewerten. Quantifizierbare Mängel können u.a. folgende sein:

- Überstunden,
- betriebliche Stillstandszeiten,
- Lieferverzögerungen,
- entgangene Aufträge,
- Umsatzverluste,
- zu hohe Kapitalbindung durch zu hohe Lagerbestände,
- Reklamationen,
- Inventurdifferenzen,
- Zinsverluste durch zu späte Fakturierung,
- nicht ausgenutzte Skonti durch zu späten Rechnungsausgleich.

Zu den nicht bzw. nur schwer quantifizierbaren Mängeln zählen u.a.:

- Unvollständige Datenbestände,
- unzureichende Aussagefähigkeit der Datenbestände,
- mangelnde Aktualität der Daten,
- fehlende Führungsinformationen,
- ungenügende Kostenkontrolle.

Daraus können strategische Nachteile resultieren, wie bspw.:

- Mangelhafte Reaktionsfähigkeit auf Kundenwünsche,
- Einbußen von Wettbewerbsvorteilen oder
- Kunden- und Imageverlust.[96]

3.2.3 Sollkonzeption

Aufbauend auf der Ist-Analyse und der Schwachstellenanalyse wird nun ein Sollkonzept entwickelt. In dieser Phase wird festgelegt, welche Anforderungen auf welche Art und Weise durch die neue Anwendungssoftware abgedeckt werden sollen. Damit stellt die Erarbeitung des Sollkonzeptes eine wesentliche Grundlage für das anschließend zu erstellende Pflichtenheft zur Softwarebeschaffung dar. Das Hauptproblem im Rahmen der Erarbeitung des Sollkonzeptes ist, die unterschiedlichen Vorstellungen der von der neuen Standardsoftware betroffenen Abteilungen auf einen gemeinsamen Nenner zu bringen. Dabei ist darauf zu achten, daß bei der

---

[96] Vgl.: Stahlknecht, P.: Einführung in die Wirtschaftsinformatik. Berlin u.a. 1993. S.: 259 - 260.

Zusammenstellung der Anforderungen Sonderwünsche, die von der Standardsoftware nicht erfüllt werden können, einen erheblichen Kostenaufwand bedeuten können, wenn diese nur durch eine Individualprogrammierung erfüllt werden können. Es ist also bei der Zusammenstellung der Sollanforderungen immer zu bedenken, ob unternehmensspezifische Sonderwünsche die dadurch entstehenden Sonderkosten auch rechtfertigen.[97]

Im Mittelpunkt der Zusammenstellung der fachlichen Sollanforderung stehen folgende Fragestellungen:

■ Welche Sachgebiete mit welchen Geschäftsprozessen soll die neue Standardsoftware umfassen?
■ Wo müssen die Leistungsschwerpunkte der neuen Standardsoftware liegen?
■ Welchen Nutzen und welche Informationsvorteile soll die Standardsoftware dem Unternehmen bringen?
■ Welche Schnittstellen zu vorhandener Software und manuell abgewickelten Nachbargebieten liegen vor?
■ Welche Schnittstellenlösungen müssen vom Anbieter der neuen Standardsoftware realisiert werden?

Bei der Zusammenstellung ist darauf zu achten, daß keine selbstverständlichen Lösungspunkte dargelegt und im anschließenden Pflichtenheft dargestellt werden (bspw. die Regeln der Finanzbuchhaltung). Stattdessen sollen die Besonderheiten dargelegt werden, auf die das Unternehmen nicht verzichten möchte (bspw. Beibehaltung der retrograden Verbuchung bei der Lagerbestandsführung.)[98]

Die Methoden, Beschreibungsmittel und Werkzeuge zur Erhebung, Formulierung und Analyse der Bentuzeranforderungen im Rahmen der Sollkonzeption bezeichnet man als Requirements Engineering (RE). Zu den RE gehören im einzelnen:

■ Techniken, um die Benutzerwünsche zu erfassen,
■ Hilfsmittel, um die Anforderungen zu beschreiben und zu formulieren,
■ Verfahren zur Überprüfung der Vollständigkeit und Widerspruchsfreiheit der erstellten Sollkonzeption.

Die angewandten Erhebungstechniken entsprechen den bereits vorgestellten in Kapitel 3.2.2.1 . Die Darstellungstechniken, die zur Darstellung und Beschreibung verwendet werden können, wurden ebenfalls im Rahmen der Ist-Analyse vorgestellt (vgl.: Kapitel 3.2.2.1). Dabei ist darauf zu achten, daß bei der Sollkonzeption die gleichen Darstellungstechniken verwendet werden, wie bei der Ist-Analyse.[99]

In der Literatur finden sich viele unterschiedliche Vorgehensweisen bei der Zusammenstellung der Sollanforderungen. Zweckmäßig ist es, von den Ergebnissen der Ist-Aufnahme als unmittelbarem Ausgangspunkt auszugehen, sofern die gewünschte Softwarelösung sich an die bisherigen Lösungen anlehnen kann und wenn die geplanten Aufgaben mit den vorhandenen Aufgaben der bestehenden Lösung zumindest teilweise übereinstimmen. Sollten die Geschäftsabläufe bisher jedoch noch nicht computergestützt ablaufen oder eine sehr veraltete DV-Lösung benutzt worden sein, so ist es empfehlenswert, die vorhandenen Ist-Abläufe nicht als Basis für die

---

[97] Vgl.: Hansen, H. R.: Wirtschaftsinformatik I. Stuttgart 1992. S.: 398.
[98] Vgl.: Grupp, B.: Standardsoftware richtig auswählen und einführen. Wuppertal 1994. S.: 27.
[99] Vgl.: Stahlknecht, P.: Einführung in die Wirtschaftsinformatik. Berlin u.a. 1993. S.: 260 - 262.

Entwicklung des Sollkonzeptes zu nehmen, sondern anhand neuer DV-Lösungen einen völlig neuen Ansatz für die in Zukunft DV-unterstützt ablaufenden Bereiche zu entwickeln. Um ein solches Modell zu entwickeln, gibt es eine Reihe von Möglichkeiten, bereits vorhandene Lösungen bzw. neue Entwicklungen auf dem Markt für Standardsoftware kennenzulernen. Um einen innovativen Lösungsansatz zu finden, bietet es sich dazu an,

- die entsprechenden Fachmessen zu besuchen und das Informationsangebot der unterschiedlichen Softwarefirmen wahrzunehmen (z.B.: Prospektestudium, Vertreterbesuche),
- Firmen zu besuchen, die eine entsprechende Software bereits im Einsatz haben,
- an Fachseminaren über das entsprechende Anwendungsgebiet der zukünftigen Software teilzunehmen,
- die einschlägige Fachliteratur genau zu studieren,
- sich auf den entsprechenden Internetseiten über den Softwaremarkt zu informieren und
- mit Fachexperten gemeinsame Workshops abzuhalten.[100]

Die Hauptaufgabe des Sollkonzeptes ist die Festlegung der Spezifikationen. Man unterscheidet bei den Spezifikationen dabei zwischen

- dem fachinhaltlichen Entwurf, in dem festgelegt wird, was das DV-Anwendungssystem leisten soll (sog. funktionale Anforderungen) und
- dem DV-technischen Entwurf, in dem festgelegt werden soll, wie das DV-Anwendungssystem realisiert werden soll.

Im fachinhaltlichen Entwurf sind folgende Anforderungen festzulegen:

- der Leistungsumfang des DV-Anwendungssystems, d.h. welche Aufgaben und betrieblichen Arbeitsabläufe von der neuen Standardsoftware abgedeckt werden sollen,
- die Schnittstellen, über die die zukünftigen Benutzer mit dem DV-Anwendungssystem kommunizieren.

Wird bei der Festlegung des DV-technischen Entwurfs funktionsorientiert vorgegangen, bilden die gewünschten Sollfunktionen den Ausgangspunkt für die Zusammenstellung der Sollanforderungen. Bei dieser Vorgehensweise versucht man, den Sollzustand aus den bestehenden Ist-Abläufen heraus festzulegen. Bei der prozeßorientierten Vorgehensweise erfolgt eine Zusammenstellung der Sollanforderungen mit Hilfe der unterschiedlichen Modellierungsmethoden, mit denen eine Skizzierung des Gesamtprozesses, seiner Ablaufschritte und Rückkoppelungen und der Schnittstellen zu den Nachbarsystemen dargestellt werden. Beide Betrachtungsweisen sind für die spätere Pflichtenhefterstellung nötig, wenn der einzuführenden Standardsoftware entsprechende Modelle, z.B.: in Form von Referenzmodellen, zugrunde liegen. Liegen der Standardsoftware keine Daten-, Organisations-, Steuerungs,- Leistungs- und Funktionsmodelle zugrunde, kann auf eine Modellierung verzichtet werden.

---

[100]Vgl.: Grupp, B.: EDV-Pflichtenheft zur Hardware- und Softwareauswahl. Köln 1995. S.: 35 - 36.

Im einzelnen kann der DV-technische Entwurf folgende Ergebnisse liefern:

- benutzte Rechner, Peripheriegeräte und Kommunikationseinrichtungen,
- Beschreibung der einzurichtenden Dateien, Datenstrukturen, Datenbank(en) einschließlich der dazugehörenden Daten bzw. Relationen,
- Muster für Formulare, Bildschirm-Masken und Drucklisten,
- Anwendungsbeispiele,
- Qualitätsanforderungen (z.B.: Antwortzeiten),
- Dokumentationshinweise.

Das Sollkonzept kann auch alternative Vorschläge enthalten, um etwa vorgegebene finanzielle Restriktionen bei der späteren Ausschreibung berücksichtigen zu können (z.B.: kann die Einführung der Retourenverwaltung vorläufig zurückgestellt werden, zugunsten einer besseren Lagerverwaltung).

Das Sollkonzept wird mit einer Überprüfung abgeschlossen. Dies kann durch eine Präsentation des Sollkonzeptes vor dem Entscheidungsgremium des Unternehmens geschehen, das einerseits über den Projektfortschritt informiert werden soll und andererseits überprüfen kann, ob die Ergebnisse des Sollkonzeptes den Forderungen des Projektauftrages gerecht geworden sind. Mit einer Entscheidung zugunsten des vorgestellten Konzeptes kann auf dessen Grundlage nun das Pflichtenheft erstellt werden.

3.2.4 Pflichtenheft

Ist das Sollkonzept erstellt, werden die ermittelten Benutzeranforderungen in einem schriftlichen Katalog dargelegt, der die gesamten Leistungsanforderungen an die neue Standardsoftware zusammenfaßt. Diesen Katalog bezeichnet man als Pflichtenheft.

In der DIN 69901 wird ein Pflichtenheft als eine ausführliche Beschreibung der Leistungen, die erforderlich sind oder gefordert werden, um die Ziele des Projektes zu erreichen, definiert. Die VDI / VDE - Richtlinie Nr. 3694 stellt dem Pflichtenheft die Erstellung eines Lastenheftes voran. In diesem Lastenheft wird von den Fachabteilungen festgelegt, was die neue Standardsoftware leisten soll. Man spricht daher auch von einem Wunschkatalog. Im Pflichtenheft, das von der DV-Abteilung primär festgelegt wird, wird bestimmt, was die Standardsoftware tatsächlich leisten soll.

Der Unterschied zwischen Lastenheft und Pflichtenheft liegt darin, daß die DV-Abteilungen die "Wünsche" der Fachabteilungen auf das Machbare reduzieren, so daß die an die neuen Standardsoftware gestellten Anforderungen ohne erhebliche zusätzliche Individualprogrammierungen, erfüllt werden können.[101] Im folgenden werden nun ausführlich Gliederung und Inhalt eines Pflichtenheftes erläutert. Auf den Inhalt eines Lastenheftes wird nicht explizit eingegangen, vielmehr wurden die "Wünsche" der Fachabteilungen bei den Erhebungen zur Erstellung

---

[101] Vgl.: Stahlknecht, P.: Einführung in die Wirtschaftsinformatik. Berlin u.a. 1993. S.: 260 - 262.

des Sollkonzeptes implizit berücksichtigt. Die in diesem Kapitel gemachten Ausführungen zum Thema Pflichtenhefterstellung gehen zurück auf die Ansätze zur Pflichtenherfterstellung von Grupp[102] sowie auf die Ausführung von Stahlknecht zur Erstellung eines Fragenkatalogs.[103] Aufgrund der Erfahrungen mit den unterschiedlichen Softwareanbietern und Gesprächen mit Mitarbeitern von Fachverbänden, wie dem Verband der Softwareindustrie Deutschlands e.V. (VSI), wurden die Ausführungen der beiden Autoren entsprechend modifiziert bzw. gekürzt, da einige Punkte, die in den Pflichtenheften von Grupp genannt werden, nach dem heutigen Stand der Entwicklung von Standardsoftware selbstverständlich sind.

Die Zusammenstellung des Pflichtenheftes stellt den Kern der Softwarebeschaffung dar,

- da anhand dieses Pflichtenheftes einerseits die spätere Ausschreibung und Auswahl der Standardsoftware stattfindet, sowie Art und Umfang der erwarteten Leistung des Anbieters festgelegt werden und
- andererseits das Pflichtenheft das Ergebnis der vorangegangenen Phasen darstellt, wie die nachstehende Abbildung 16 aufzeigt.

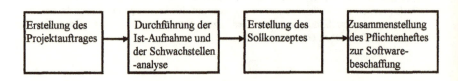

Abbildung 16: Arbeitsschritte zur sukzessiven Erstellung eines Pflichtenheftes[104]

Der Umfang eines Pflichtenheftes hängt von der Größe der anzuschaffenden Software ab. So ist die Anschaffung eines integrierten Softwarepaketes für ein oder mehrere Unternehmensbereiche eher mit einem umfangreicheren Pflichtenheft verbunden, als die Anschaffung eines integrierten Softwarepaketes für eine einzelne Abteilung oder ein einfaches Arbeitsgebiet.

Das in diesem Kapitel beschriebene Pflichtenheft soll als Checkliste für eine systematische Pflichtenhefterstellung bei Anschaffung eines großen integrierten Softwarepaketes dienen. Bei kleineren DV-Projekten, bei denen weniger umfangreiche Pflichtenhefte nötig sind, ergibt sich der geringere Umfang bereits aus den vorhergehenden Phasen, deren Umfang ebenfalls entsprechend kleiner ist. Ein EDV-Pflichtenheft sollte, unabhängig vom Gesamtumfang, die in Abbildung 17 dargestellten, grundsätzlichen Punkte enthalten.

---

[102] Vgl.: Grupp, B.: EDV-Pflichtenheft zur Hardware- und Softwareauswahl. Köln 1995. S.: 60 - 156 und
Vgl.: Grupp, B.: Standardsoftware richtig auswählen und einführen. Wuppertal 1994. S.: 46 - 80.
[103] Vgl.: Stahlknecht, P.: Einführung in die Wirtschaftsinformatik. Berlin u.a. 1993. S.: 303 - 309.
[104] Vgl.: Grupp, B.: EDV-Pflichtenheft zur Hardware- und Softwareauswahl. Köln 1995. S.: 60.

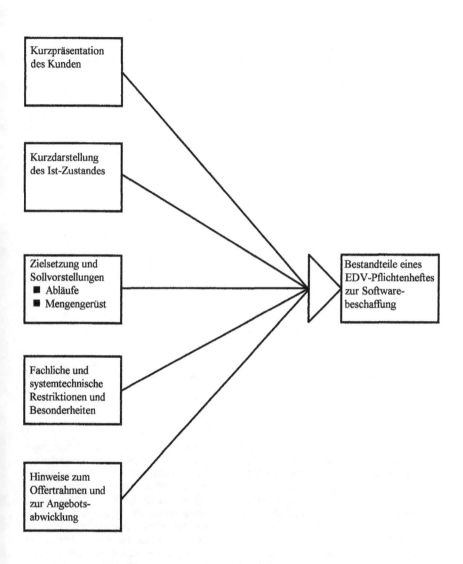

Abbildung 17: Grundlegende Bestandteile eines EDV-Pflichtenheftes[105]

---

[105] Vgl.: Grupp, B.: EDV-Pflichtenheft zur Hardware- und Softwareauswahl. Köln 1995. S.: 62.

Das Pflichtenheft wird im Zeitverlauf der Softwareauswahl immer detaillierter ausgearbeitet. Es ergeben sich dabei drei Unterscheidungen:

■ Das Informationspflichtenheft, das dazu dient, einen Überblick über den Softwaremarkt zu erhalten. Das Informationspflichtenheft ist bewußt kurz gehalten und soll nur kurz umreißen, was gewünscht wird. Das Ergebnis dieser ersten Phase der Angebotseinholung sind meist Prospekte und einige Grundpreise. Es dient auch der ersten Kontaktaufnahme mit eventuell in Frage kommenden Softwareanbietern.
■ Das normale EDV-Pflichtenheft dient der Ausschreibung. Ziel dieses EDV-Pflichtenheftes ist es, ein konkretes Angebot von den unterschiedlichen Softwareanbietern zu erhalten.
■ Das endgültige Pflichtenheft entsteht aufgrund der Verhandlungen und Demonstrationsergebnisse mit dem Hersteller der ausgewählten Standardsoftware und ist Bestandteil des Softwarevertrages. Hier geht es vor allem darum, den Leistungsumfang des Softwarepaketes, für das sich das Unternehmen entschieden hat, schriftlich festzulegen.[106]

Abbildung 18: Schrittweise Verfeinerung des Pflichtenheftes[107]

Auf eine Beschreibung des Informationspflichtenheftes wird verzichtet, da es sehr kurz gehalten sein sollte. Zum einen dient es nur der Kontaktaufnahme und spielt deshalb eine untergeordnete Rolle, zum anderen werden bei der Sichtung von Anbietern, z.B. durch das Studium von Katalogen oder der entsprechenden Internetseiten, die Softwarepakete der entsprechenden Firmen so detailliert beschrieben und entsprechende Vordrucke für eine Kontaktaufnahme vorgegeben, daß ein Informationspflichtenheft meist überflüssig ist. Das Pflichtenheft zur Angebotseinholung wird im folgenden Kapitel 3.2.4.1 genau beschrieben. Das endgültige Pflichtenheft als Vertragsbestandteil unterscheidet sich von dem zur Angebotseinholung dadurch, das hier nur die Anforderungen an die Standardsoftware festgehalten werden, die vom Softwarekäufer gefordert und vom Softwarelieferanten im Rahmen des schriftlich erstellten Angebotes und der Vertragsverhandlungen zugesichert wurden.

---

[106] Vgl.: Grupp, B.: EDV-Pflichtenheft zur Hardware- und Softwareauswahl. Köln 1995. S.: 63.
[107] Grupp, B.: EDV-Pflichtenheft zur Hardware- und Softwareauswahl. Köln 1995. S.: 63.

3.2.4.1 Standardgliederung eines Pflichtenheftes

Standardgliederung für ein EDV-Pflichtenheft zur Softwareauswahl

1. Unternehmenscharakteristik
   - Name und Adresse des Unternehmens
   - Branche, Produktgruppe, Dienstleistungen
   - Unternehmensgröße, Wachstumsrate
   - Sonstige wesentliche Angaben zum Unternehmen

2. Ist-Zustand der Arbeitsgebiete
   - Bisherige Verfahren und Hilfsmittel
   - Unternehmensspezifische Besonderheiten
   - Bewertung des Ist-Zustandes
   - Mengengerüst

3. Zielsetzungen
   - Erwarteter quantifizierbarer Nutzen
   - Sonstige erwartete Vorteile

4. Anforderungen an die geplante Anwendungssoftware
   - Überblick und Zusammenhänge
   - Detaillierte Anforderungen an die Arbeitsgebiete
   - Qualitätsanforderungen

5. Hardware / Systemsoftware
   - Hardware Voraussetzungen / Anforderungen
   - Anforderungen an die Systemsoftware

6. Anforderungen an die Lieferfirma
   - Größe und Struktur der Firma
   - Kenntnisse, Erfahrungen und Referenzen

7. Wartung, Schulung und Dokumentation

8. Kosten

Abbildung 19: Standardgliederung eines Pflichtenheftes

Das Pflichtenheft, welches die Grundlage für das Softwareangebot der Anbieterfirma darstellt, soll den Anbieter darüber informieren,

■ wer der Kunde ist,
■ welche Vorstellungen er hat und
■ welche Anforderungen er an das Angebot hat.

Auf der anderen Seite soll der Anbieter Gelegenheit bekommen, auch solche Vorteile seines Softwarepaketes zu repräsentieren, die nicht Bestandteil der Anforderungen sind, aber durchaus einen Nutzen für den Kunden haben können. Das Pflichtenheft ist also ein Leistungsverzeichnis des Kunden. Dabei ist zu beachten, daß umso detaillierter das Pflichtenheft ausgearbeitet wird, desto präziser und verbindlicher der Softwareanbieter sein Angebot gestalten kann. Die Standardgliederung in Abbildung 19 soll als eine Checkliste bei der Erstellung eines Pflichtenheftes dienen und eine übersichtliche und logische Gliederung gewährleisten.

Die Schwerpunkte bei der Erstellung eines Pflichtenheftes können unterschiedlich sein. Dies ist abhängig davon, ob eine Gesamtlösung angestrebt wird oder die Software nur eine einzelne Abteilung betrifft. Bei einer Gesamtlösung spielen bspw. die Schnittstellenanpassung, die Hardwarebeschaffung und das Betriebssystem eine untergeordnete bzw. gar keine Rolle, während dies bei einer Softwarebeschaffung für eine einzelne Abteilung sehr entscheidend ist, da die neue Standardsoftware in die bereits vorhandene Gesamtlösung eingebunden werden muß.

Das Pflichtenheft kann aus Forderungen bestehen oder teilweise als Fragenkatalog formuliert werden. Dabei bleibt es dem Verfasser überlassen, ob dies in ausformulierten Sätzen oder Stichworten geschieht. Bei den Forderungen wird dabei zwischen Kann-Anforderungen und Muß-Anforderungen (sog. KO-Kriterien) unterschieden. Während die Muß-Anforderungen bei der späteren Auswertung zum Ausscheiden eines Anbieters bei Nichterfüllung führen, sind Kann-Anforderungen eine Frage des Preises und der Zeitdauer der Realisierung. Der Anbieter sollte dabei auf eventuelle Muß-Anforderungen hingewiesen werden. Die Spaltenaufteilung des Pflichtenheftes könnte dabei folgendes Aussehen aufweisen:

Nummer	Kriteriendarstellung	KO - Kriterium	Erfüllungshinweis des Anbieters	Bemerkungen des Anbieters

Abbildung 20: Mögliche Spaltenunterteilung eines DV-Pflichtenheftes.[108]

---

[108]Vgl.: Grupp, B.: EDV-Pflichtenheft zur Hardware- und Softwareauswahl. Köln 1995. S.: 95.

Im einzelnen sollten die Gliederungspunkte der Standardgliederung des Pflichtenheftes folgende Informationen bzw. Kriterien beinhalten:

1. Unternehmenscharakteristik

Ziel der in der Unternehmenscharakteristik dargelegten Informationen (vgl. Abbildung 19) ist es, daß der potentielle Softwarelieferant eine Vorstellung von der Art und der Größe des Unternehmens bekommt. Dieser erfährt so aufgrund eventueller Erfahrungen mit ähnlichen Unternehmen gleicher Größe, was der Kunde wünscht und kann auf bewährte Erfahrungen hinweisen. Eine Prognose der zukünftigen Entwicklung des Unternehmens kann ebenfalls enthalten sein, wenn in absehbarer Zeit wesentliche Veränderungen geplant sind (beispielsweise Kauf einer eigenen Produktionsstätte), damit diese bei der Planung der neuen Standardsoftware ebenfalls berücksichtigt werden können.

2. Ist-Zustand der Arbeitsgebiete

Unter Punkt 2 der Standardgliederung sollen die wesentlichen Gesichtspunkte des Ist-Zustandes des Arbeitsgebietes dargelegt werden. Hier wird vor allem auf die Ergebnisse der Ist-Analyse zurückgegriffen. An dieser Stelle werden die in der Ist-Aufnahme erstellten Modelle eingefügt, um bspw. die Organisation des Unternehmens aufzuzeigen.
Des Weiteren sollten folgende Informationen enthalten sein:

- Art und Aufbau von Nummernsystemen,
- Verwendete Formeln und Rechenverfahren,
- bisher benutzte Hilfsmittel (Karteien, Software etc.),
- Stärken und Schwächen des Ist-Zustandes, die beibehalten bzw. durch die neue Software gelöst werden sollen (Dieser Punkt ist auch Bestandteil des Pflichtenheftabschnittes Zielsetzungen),
- Mengengerüst und
- Schnittstellen zu Softwareprogrammen, die beibehalten werden sollen.

In den Anlagen werden ausgefüllte Belege und Formulare zu den hier beschriebenen Informationen (z.B.: Karteiblätter) beigelegt, wenn diese zum besseren Verständnis benötigt werden.

3. Zielsetzungen

In diesem Teil des Pflichtenheftes sollen Zielsetzungen aufgeführt werden, die durch den Einsatz der neuen Standardsoftware erreicht werden sollen. Dabei ist in Muß-Ziele und Kann-Ziele zu unterscheiden, wie dies bei den Anforderungen bereits zu Beginn dieses Kapitels beschrieben wurde. Die Zielsetzungen, die hier benannt werden, sollten nach Möglichkeit quantifizierbaren Charakter besitzen (z.B.: Zahl der Buchungsfehler soll um 20 Prozent reduziert werden), damit diese für den Anbieter Vertragscharakter besitzen und daran gemessen werden können. Es ist nicht immer möglich, diese Ziele in den Vertrag aufzunehmen, in solchen Fällen sollte aber darauf geachtet werden, daß andere Gesichtspunkte, die der Erreichung des Zieles dienen, in das Pflichtenheft und damit in den späteren Softwarevertrag aufgenommen werden.

4. Anforderungen an die geplante Anwendungssoftware

In diesem Abschnitt werden die Problemlösungen beschrieben, die von der zukünftigen Software erwartet werden, ebenso die individuellen Programmanpassungen und die eventuell zu erstellenden Zusatzprogramme. Selbstverständliche Anforderungen, wie die Regeln zur Finanzbuchhaltung, brauchen im Gegensatz zu betriebsindividuellen Besonderheiten, nicht erwähnt zu werden. In diesem Abschnitt wird in erster Linie auf die Ergebnisse des Sollkonzeptes zurückgegriffen. So können beispielsweise die im Rahmen der Sollkonzeption erstellten Modelle hier eingefügt werden. Im einzelnen können folgende Anforderungen bzw. Informationen in diesem Pflichtenheftabschnitt enthalten sein und erörtert werden:

■ Die Darstellung von Zusammenhängen und Querverbindungen zwischen den Einzelaufgaben bei komplexen Softwarepaketen;
■ Die Schnittstellen zu anderen DV-Anwendungssystemen;
■ Die Beschreibung der Verfahren, die in den Arbeitsgebieten, welche von der neuen Standardsoftware betroffenen sind, angewendet werden. Bei allgemein üblichen Verfahren (z.B.: Reterograde Lagerbestandsberechnung) genügt es, diese aufzuzählen. Betriebsspezifische Verfahren sollten dagegen detailliert erklärt werden. Zu diesen Besonderheiten sollte der Anbieter in der Spalte: "Bemerkungen des Anbieters" (vgl. Abbildung 20) vermerken, ob diese Besonderheit im Standardpaket enthalten ist, nur mit einem zusätzlichen Aufwand realisierbar ist, im angebotenen Standardpaket nicht realisierbar ist oder ob vom Softwarehaus eine Ersatzlösung angeboten werden kann (eventuelle Zusatzkosten, die entstehen, sollen ebenfalls aufgeführt werden);
■ Bei den Anforderungen von Ein- und Ausgabeinformationen sollte der Kunde nur Stellung zu Punkten nehmen, für die möglicherweise keine passende Lösung erwartet wird, wie der Aufbau der Identifizierungsnummern für Kunden oder Artikel, die beibehalten werden sollen, Sonderwünsche für Ausgaben oder Auswertung oder einheitlich anzuwendende Klassifizierungsschlüssel;
■ Eine graphische Benutzeroberfläche sollte Voraussetzung (KO-Kriterium) bei einer neuen Standardsoftware sein und ist nur dann gesondert aufzuführen, wenn der Hersteller unterschiedliche Standardsoftwarepakete mit sowohl graphischen als auch alphanumerischen Bildmasken vertreibt (Beantwortung der Frage nach dem Betriebssystem);
■ Die Feststellung des Integrationsumfangs der angebotenen Standardsoftware, insbesondere in Bezug auf zukünftige Anwendungen (z.B.: CAD als Verbindung zum heute realisierten Stücklistenwesen);
■ Die Feststellung der Dateiorganisation, um einen späteren Ausbau des Softwarepaketes zu gewährleisten;
■ Als fester Bestandteil (KO-Kriterium) des Pflichtenheftes sollte ein modularer Aufbau des Softwarepaketes verlangt werden;
■ Die Feststellung der Customizing-Möglichkeiten sowie Formulierung einiger Mindestanforderungen an das Customizing;
■ Die Erläuterung der gewünschten Zugriffsberechtigungen;
■ Die Feststellung der im Anwendungssystem getroffenen Vorkehrungen für den Datenschutz;
■ Die Feststellung, welche Vorkehrungen vom Anbieter für die Datensicherung getroffen wurden;
■ Falls eine Konversionssoftware benötigt wird, sollte der Anbieter Stellung zu diesem Thema nehmen und die dadurch anfallenden Zusatzkosten aufführen;

■ Um die benötigte Speicherkapazität feststellen zu können muß der Softwareanbieter über das Mengengerüst (Zahl der Geschäftsvorfälle und Bewegungen sowie der Umfang der Kartei und Datenbestände im Durchschnitt und in Spitzenmonaten) informiert werden.

5. Hardware / Systemsoftware

Es bietet sich an, bei der Hardwareauswahl mit Anbietern zusammenzuarbeiten, die der Softwareanbieter empfiehlt, dieser legt auch die Anforderungen an die Hardware fest. Dabei sollten folgende Kriterien für die Hardware berücksichtigt werden:

■ Benötigte Komponenten (Prozessor, Hauptspeicher, Scanner etc.),
■ Verarbeitungsgeschwindigkeit,
■ Speicherkapazität,
■ Ausfallsicherheit,
■ Anzahl der Arbeitsplätze,
■ Erweiterungsmöglichkeiten,
■ Platzbedarf,
■ Kompatibilität zu schon vorhandenen Komponenten,
■ Bedienungsfreundlichkeit.

Für die Systemsoftware sind folgende Kriterien festzulegen:

■ Single- / Multiuser-System; Single- / Multitasking-System,
■ Speicherplatzbedarf,
■ Datenschutz, Datensicherheit,
■ Zeitverhalten,
■ Oberfläche.

Ist der Kunde mit dem vom Softwareanbieter empfohlenen Hardwareanbieter nicht zufrieden (z.B.: Hohe Anschaffungskosten bei Markenhersteller), kann dieser anhand der oben aufgeführten Kriterien eine Ausschreibung durchführen. Eine Auswahl kann dann beispielsweise entsprechend nachstehender Kriterien erfolgen:

(1) Wirtschaftlichkeit
    - Anschaffungskosten, laufende Kosten, Funktionalität;
(2) Technik
    - Benutzerfreundlichkeit, Zuverlässigkeit;
(3) Einsatz
    - Anpassungsaufwand, Unterstützung, Dokumentation;
(4) Lieferanten
    - Termintreue, Qualität des Kundendienstes, Gestaltung des Vertrages, Garantie, geographische Nähe.[109]

Oftmals wird Software und Hardware von einem Anbieter vertrieben. In diesen Fällen wird die zu verwendende Hardware vom Anbieter entsprechend festgelegt. Wartung, Pflege Aufstellung und Verkabelung werden dann ebenfalls von diesem übernommen und im Softwarevertrag ge-

---

[109] Vgl.: Schmidt, G.: Informationsmanagement - Modelle, Methoden, Techniken. Berlin u.a. 1996. S.: 48.

regelt. Bei der Wahl des Betriebssystems können Präferenzen bereits bei der Vorauswahl berücksichtigt werden (z.B.: das Betriebssystem, das bisher benutzt wurde soll beibehalten werden, um zusätzliche Schulungsmaßnahmen zu verhindern) und müssen in diesem Fall im Pflichtenheft nicht explizit berücksichtigt werden. Bezieht sich hingegen die anzuschaffende Standardsoftware nur auf einen kleinen Bereich des Unternehmens und sind im Unternehmen bereits diverse Hardwareanschaffungen in der Vergangenheit getätigt worden, so ist die Kompatibilität der Anwendungssoftware mit der vorhandenen Hardware und dem vorhandenen Betriebssystem ein KO-Kriterium.

6. Anforderungen an die Lieferfirma

In diesem Abschnitt des Pflichtenheftes soll festgestellt werden, mit welcher Art Firma es der Kunde zu tun hat. Diesem Punkt kommt große Bedeutung zu, da sichergestellt werden soll, daß der ausgewählte Lieferant, zumindest in absehbarer Zeit auf dem Markt aktiv bleibt (Gefahr des Konkurs bei kleineren Firmen ist meist größer als bei großen Firmen), da die Zusammenarbeit mit dem Softwarehersteller mit dem Kauf nicht beendet ist, sondern eine meist langjährige Zusammenarbeit nach sich zieht (Wartung und Pflege des Systems). Zunächst muß festgestellt werden, mit welchem der folgenden 3 Firmentypen es der Kunde zu tun hat.

(1) Hardware und Software stammen von demselben Unternehmen. Dies ist der Fall, wenn ein Unternehmen Computerbauer, Entwickler und Vertreiber von Software ist.
(2) Hardwarehersteller und Lieferfirma sind identisch. Die Software wird von einem Softwarelieferanten bezogen.
(3) Produktion und Vertrieb sind sowohl bei der Hardware, als auch bei der Software getrennt.

Dabei gilt der Grundsatz: je weniger Firmen an der Einführung des DV-Anwendungssystems beteiligt sind, desto besser. Eine gewisse Mindestgröße sollte beim Softwarehersteller ebenfalls vorausgesetzt werden, so daß bei der Einführung der Software eine ausreichende Unterstützung gewährleistet ist. Hier kann im Pflichtenheft ein Minimum an verfügbarer Mitarbeiterkapazität festgelegt werden.

Des Weiteren sollten folgende Informationen festgestellt werden:

■ Referenzlisten von Kunden, die das angebotene Softwarepaket bereits eingeführt haben. Eine Kontaktaufnahme mit diesen Kunden kann eventuelle Schwächen des Softwarepaketes aufdecken;
■ Allgemeine Informationen über den Hersteller (bspw.: Umsatz, Anzahl der Mitarbeiter, Anzahl der Installationen und Jahr der Erstinstallation der angebotenen Software, letztes Update der Software).

7. Wartung, Schulung und Dokumentation

Unter diesem Punkt der Gliederung sollten dem Softwareanbieter folgende Voraussetzungen abverlangt werden:

■ Bereitstellung von Updates in der Wartung (z.B.: Anpassungen an Änderungen in der Steuergesetzgebung).
■ Gewährleistung der Wartung für einen Mindestzeitraum.

- Lieferung einer ausführlichen Benutzerdokumentation, Systemdokumentation, Programmdokumentation (falls das Paket im Quellcode zur Verfügung gestellt wird) und einer Rechenzentrumsdokumentation (für die Maschinenbediener);
- Deutsche Dokumentation bei ausländischen Anbietern;
- Bereitstellung eines Demonstrationsbeispiels zur Übung für die zukünftigen Anwender;
- Unterstützung der Benutzerführung (sog.: Help-Funktionen);
- Bereitstellung einer Onlinehilfe (Software-Fernwartung);
- Bereitstellung einer telefonischen Hotline, falls eine Onlinehilfe nicht vorgesehen ist;
- Festlegung einer Frist bei der Mängelbeseitigung (gilt insbesondere für die Hardware, da hier eine Onlinehilfe nicht möglich ist.).

Diese Checkliste beinhaltet einige Maximalforderungen, die nicht von jedem Softwarepaket erfüllt werden. Welche Forderungen von den aufgeführten gestellt werden und welche von diesen als KO-Forderungen identifiziert werden, muß von Fall zu Fall vom Projektteam in Zusammenarbeit mit den zukünftigen Nutzern festgelegt werden. Bei Bedarf kann das Unternehmen vom Anbieter fordern, die Standardsoftware als Quellprogramm auszuliefern, um Änderungen durch eigene Programmierer vorzunehmen. Dies erschwert die Softwarewartung und kann Zusatzkosten verursachen, hat jedoch den Vorteil gegenüber einer Auslieferung in Form eines Maschinenprogrammes, daß der Kunde bei Programmänderungen nicht auf den Softwareanbieter angewiesen ist.

Des Weiteren sollten folgende Informationen erörtert werden:

- Wo befindet sich die nächste Technikerbereitschaft ?
- In welchen Abständen erfolgt die Wartung ?
- Welche Niederlassung des Anbieters übernimmt die Wartung ?
- Welcher Schulungsaufwand (in Tagen) ist nötig ?
- Wo soll die Schulung erfolgen (beim Kunden oder beim Anbieter) ?
- Werden verbindliche Installationstermine garantiert ?
- In welcher Anzahl werden die Dokumentationen / Handbücher geliefert ?

8. Kosten

Es sollten über folgende Kosten Erkundigungen beim Anbieter eingezogen werden:

- Wie hoch ist der Kaufpreis der einzelnen Module ?
- Wie hoch sind die Leasingraten der einzelnen Module ?
- Wie hoch ist der Kaufpreis / die Leasingraten des gesamten Softwarepaketes (Kauf aller oder mehrerer Module) ?
- Wie hoch sind die monatlichen Wartungskosten (inkl. Update) bei Kauf und was ist darin enthalten ?
- Wieviel kostet die Systemsoftware ?
- Wie hoch sind die Schulungskosten ?
- Wieviel kosten die Programmanpassungen ?
- Fallen Zusatzkosten für die Installation des Programmes an ?
- Wieviel wird berechnet für die Unterstützung der Mitarbeiter nach Übergabe ?
- Wieviel kosten die Schnittstellenanpassungen und Individualprogrammierungen ?

Für das gesamte vorgestellte Pflichtenheft gilt, daß alle hier formulierten Fragen auch als Mindestanforderung formuliert werden können und alle Mindestanforderungen als Fragen formuliert werden. Bei den sog. KO-Kriterien bietet es sich an, diese als Mindestanforderungen zu formulieren, damit es dem Anbieter ermöglicht wird, eventuell Alternativlösungen zu präsentieren. Zum Abschluß ist das Pflichtenheft vor seiner Versendung an die potentiellen Softwarelieferanten von den Entscheidungsträgern des DV-Projektes zu überprüfen und freizugeben.

3.2.5 Angebotsauswahl

Auf der Grundlage des erstellten Pflichtenheftes wird die Angebotsauswahl der Standardsoftware vollzogen. Bei der Angebotsevaluation ist eine Top-Down-Vorgehensweise die effektivste. Mit jedem Auswahlschritt wird der Kreis der potentiellen Anbieterfirmen eingeschränkt und der Detaillierungsgrad der Anforderungen an die potentiellen Softwarelieferanten größer (vgl. Abbildung 21). Im einzelnen sind folgende Auswahlschritte bei der Evaluatuíon zu durchlaufen:

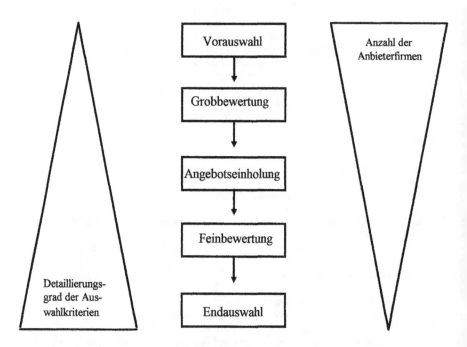

Abbildung 21: Vorgehensweise bei der Angebotsauswahl

3.2.5.1 Vorauswahl

Ziel der Vorauswahl ist es, daß das umfangreiche Angebot des Standardsoftwaremarktes vorsondiert wird. Dabei ist es zweckmäßig, die Standardsoftware nach grundlegenden Kriterien zu beurteilen. Kriterien für die Vorauswahl sind:

- Gezielte Auswahl von Standardsoftwareanbietern (die auf eine bestimmte Branche spezialisiert sind),
- Festlegung einer Preisobergrenze für die anzuschaffende Branchensoftware,
- Vorgabe eines bestimmten Betriebssystems,
- Bezug von Hardware und Software von demselben Hersteller,
- Mindestanzahl an bereits abgeschlossenen Installationen bei der angebotenen Standardsoftware,
- Mindestumsatz des Softwareanbieters (um beispielsweise eine angemessene Unterstützung bei der Installation und Einführung des Standardsoftwarepaketes sicherzustellen).

Anhand einer oder mehrerer dieser Kriterien kann der Kreis der potentiellen Softwarelieferanten bereits im Vorfeld der Angebotseinholung eingeschränkt werden, da diese Informationen bereits bei der Erteilung des Projektauftrages festgelegt werden und über die entsprechenden Softwarepakete in den Softwarekatalogen (z.B.: ISIS-Report) oder in den entsprechenden Internetseiten (z.B.: http://www.software.de) verfügbar sind. So erübrigt sich die persönliche Kontaktaufnahme zu den Softwarelieferanten.
Die Vorauswahl kann bereits in einer der vorhergehenden Phasen durchgeführt werden, da die benötigten Informationen bereits mit dem Projektauftrag bekannt sind. Da es häufig zu Änderungen des Projektauftrages kommen kann, wegen der Erkenntnisse, die das Unternehmen in den Phasen "Ist-Analyse" und "Sollkonzeption" erlangt, ist es sinnvoll, die Vorauswahl zu Beginn der Phase "Angebotsauswahl" durchzuführen. Es sei denn, das Unternehmen hat einen zeitlich nur engen Spielraum (z.B.: Einführung der neuen Standardsoftware vor dem Jahr 2000). Als Ergebnis der Vorauswahl sollten mindestens 5 und maximal 12 mögliche Softwarelieferanten übrig bleiben.

3.2.5.2 Grobbewertung

Ist die Vorauswahl abgeschlossen, erfolgt eine erste Kontaktaufnahme mit den in der Vorauswahl sondierten Softwarelieferanten. Ziel dieser Kontaktaufnahme ist es, nähere Informationen über die angebotenen Standardsoftwarelösungen zu bekommen. In der Regel erhält das auswählende Unternehmen vom Softwarelieferanten eine Informationsbroschüre oder ein allgemeines Angebot. Darin sollten mindestens folgende Informationen enthalten sein:

- Preise für die Nutzungsrechte der einzelnen Module,
- eine Funktionsbeschreibung der einzelnen Komponenten,
- Referenzliste und
- Ansprechpartner in der Firma des Lieferanten.

Die Angebote sind auf die Vollständigkeit der oben genannten Informationen zu überprüfen (oftmals ist das Fehlen einer Preisliste oder einer Referenzliste zu bemängeln) und gegebenenfalls anzufordern, so daß ein erster Vergleich zwischen den Angeboten stattfinden kann. Die Auswahl der Angebote, die in die anschließende Ausschreibung einbezogen werden, kann anhand eines Kataloges einfacher Kriterien geschehen. Ausscheiden sollten beispielsweise Anbieter:

- die kein ausreichendes Informationsmaterial liefern (z.B.: keine Referenz- oder Preisliste),
- die nicht alle KO-Kriterien ausreichend erfüllen,
- deren angebotene Software im Kaufpreis bzw. deren Leasingangebot weit über den übrigen Angeboten bzw. über den eigenen Vorstellungen liegen,
- die keine Hardware vertreiben,
- bei denen die Software nicht den gewünschten Leistungsumfang enthält (die Standardsoftware für die Produktion und für das Warenwirtschaftssystem muß von zwei verschiedenen Herstellern bezogen werden),
- bei denen die spätere Wartung unsicher erscheint oder
- bei denen die Systembeschreibung nicht in deutscher Sprache abgefaßt ist.

Ziel dieser Grobbewertung ist, die Anzahl der potentiellen Softwarelieferanten auf drei bis fünf Anbieterfirmen zu reduzieren, die in die anschließende Ausschreibung mit einbezogen werden.[110]

3.2.5.3 Angebotseinholung

Im Rahmen der Angebotseinholung sind folgende Tätigkeiten durchzuführen:

- Verschickung des Pflichtenheftes (Ausschreibung) an die nach der Grobbewertung verbliebenen Anbieterfimen,
- Kontaktaufnahme zu den sich auf den Referenzlisten befindlichen Firmen,
- Teilnahme an einer Softwaredemonstration der einzelnen Hersteller sowie
- erste Vertragsverhandlungen mit den Anbietern.

Ziel der Ausschreibung ist, ein speziell auf die Bedürfnisse des Interessenten zugeschnittenes komplettes Angebot zu erhalten. Zu diesem Zweck wird das bereits erstellte Pflichtenheft an die verbliebenen Anbieterfirmen verschickt. Die Ergebnisse der Ausschreibung bilden die Grundlage für die anschließende Feinauswahl, deshalb ist die Richtigkeit der Angaben vom Softwareanbieter schriftlich zu bestätigen.

Die Kontaktaufnahme mit Referenzkunden des Softwarehauses sollte zunächst telefonisch erfolgen, um die generelle Auskunftsbereitschaft des Unternehmens zu überprüfen. Ein knapp gehaltener Fragebogen, der anschließend an die Referenzkunden verschickt wird, sollte konkrete Fragen beinhalten.

---

[110] Vgl.: Stahlknecht, P.: Einführung in die Wirtschaftsinformatik. Berlin u.a. 1993. S.: 306.

Der Fragebogen soll u.a. folgende Fragen enthalten:

- Wie oft und warum sind Softwarefehler aufgetreten ?
- Wie lange dauerte die Behebung der aufgetreten Fehler ?
- Wie oft und warum mußten die Programme geändert werden ?
- Wie lange dauerte die Einarbeitungsphase ?
- Wie oft mußten sich die Benutzer nach der Einarbeitung vom Anbieter helfen lassen ?
- Wie ist der Service zu beurteilen ?
- Welche Vor- und Nachteile hat das System insgesamt ?
- Würden Sie sich noch einmal für das System entscheiden ?

Darüber hinaus kann in einem persönlichen Gespräch festgestellt werden, ob und in welcher Höhe eventuelle Preisnachlässe beim Hersteller zu erwarten sind. Bei der Auswertung der Antworten der Referenzkunden muß bedacht werden, daß die Softwarefirma bemüht sein wird, möglichst zufriedene Kunden auf ihrer Referenzliste aufzuführen. Es sollten nicht mehr als zwei Referenzbesuche pro Anbieter in Erwägung gezogen werden.[111] Wenn möglich, sollten Anbieterfirmen aufgesucht werden, die nicht auf der Referenzliste des Herstellers stehen. Diese können beispielsweise durch eine Umfrage bei den Firmen, zu denen eine Geschäftsverbindung besteht, ermittelt werden.[112]

Eine Softwaredemonstration kann sowohl beim Kunden, wie beim Anbieter vorgenommen werden. An einer Softwaredemonstration nehmen das Projektteam und einige der zukünftigen Anwender teil. Um eventuell vorhandene Schwachstellen aufzudecken, sollte vom Projektteam vorher ein Fragenkatalog zusammengestellt werden. Empfehlenswert ist auch die Durchführung einiger Geschäftsvorfälle des Interessenten, aus dem von der neuen Standardsoftware betroffenen Anwendungsgebiet. Dabei werden oftmals noch nicht aufgedeckte Schwachstellen ersichtlich.[113]

Zum Abschluß der Angebotseinholung werden in einem persönlichen Gespräch eventuell noch bestehende Unklarheiten beseitigt, wie:

- die Beantwortungen des Pflichtenheftes,
- die Vertragsgestaltung,
- die Rücktrittsrechte,
- die Liefertermine oder
- die Schulung.

Schließlich können im Rahmen dieses persönlichen Gesprächs erste Preisverhandlungen durchgeführt werden, in denen vorhandene Preisspielräume ausgelotet und somit in die anschließende Feinbewertung mit eingehen können. Weiterhin sollte die Möglichkeit wahrgenommen werden, einen Einblick in Programmbeschreibungen und Benutzerhandbücher zu bekommen. Es besteht an dieser Stelle die Möglichkeit, den Softwarehersteller auf Defizite gegenüber seinen Konkurrenten aufmerksam zu machen und ihm so die Möglichkeit zu geben, sein Angebot nachzubessern.[114]

---

[111] Vgl.: Stahlknecht, P.: Einführung in die Wirtschaftsinformatik. Berlin u.a. 1993. S.: 307.

[112] Vgl.: Grupp, B.: EDV-Pflichtenheft zur Hardware- und Softwareauswahl. Köln 1995. S.: 165.

[113] Vgl.: Grupp, B.: EDV-Pflichtenheft zur Hardware- und Softwareauswahl. Köln 1995. S.: 163 - 164.

[114] Vgl.: Grupp, B.: EDV-Pflichtenheft zur Hardware- und Softwareauswahl. Köln 1995. S.: 165.

In der Regel reduziert sich die Anzahl der in Betracht kommenden Anbieter nach der Angebotseinholung noch einmal, wobei die Reduzierung der potentiellen Anbieter kein Ziel der Angebotseinholung ist. Eine Reduzierung kann aus verschiedenen Gründen erfolgen, z.B.:

- die erforderlichen Individuallösungen sind unverhältnismäßig teuer,
- die Kontaktaufnahme mit einem Referenzunternehmen hat ergeben, daß die von der Anbieterfirma geleistete Wartungsarbeit mangelhaft ist oder
- die Softwaredemonstration hat noch nicht erkannte Schwachstellen der Standardsoftware aufgedeckt.

3.2.5.4 Feinbewertung

Für die nach der Angebotseinholung verbliebenen Angebote wird auf der Grundlage der Ausschreibung, der Referenzbesuche, der ersten Vertragsverhandlungen und der Softwaredemonstration eine Feinbewertung durchgeführt. Abbildung 23 zeigt eine Vielzahl von Verfahren, um die geplante Investition in die neue Standardsoftware zu bewerten.

Grundsätzlich wird zwischen eindimensionalen und mehrdimensionalen Bewertungsverfahren unterschieden. Eindimensionale Verfahren sind dadurch gekennzeichnet, daß diese nur eine Zielgröße bewerten (z.B. bewerten Benchmarks lediglich die Zielgröße Leistung während durch die Function point-Methode nur die Zielgröße Anpassungsaufwand bewertet wird.). Im Gegensatz dazu zeichnen sich mehrdimensionale Verfahren durch die simultane Berücksichtigung mehrerer Zielgrößen bei der Bewertung aus. Da bei der Auswahl einer geeigneten Standardsoftware mehrere Zielgrößen berücksichtigt werden (Kosten und Nutzen einer Standardsoftware sollen nicht getrennt voneinander betrachtet werden), finden die eindimensionalen Bewertungsmethoden bei der Feinbewertung unterschiedlicher Standardsoftwarepakte keine Berücksichtigung.

Die in der Literatur am weitesten verbreitete mehrdimensionale Bewertungsmethode ist die Nutzwertanalyse, deren Funktionsweise im folgenden näher erklärt wird, da dieses Bewertungsverfahren im Kapitel 4 (Praxis) bei der Feinbewertung angewandt wird. Weitere mehrdimensionale Bewertungsmethoden, die in der Literatur genannt und in der Praxis Anwendung finden, sind das Kosten- / Nutzenverfahren und die Kostenwirksamkeitsanalyse.[115] Bei der Durchführung der Nutzwertanalyse nach der Gewichtsfaktorenmethode müssen folgende Schritte im einzelnen durchlaufen werden:

1. Aufstellen von Kriterien (Zielen),
2. Gewichtung der Kriterien,
3. Beschreibung der möglichen Ausprägungen von Kriterien,
4. Bewertung der Ausprägungen,
5. Berechnung des Nutzwertes.

---

[115] Vgl.: Priemer, J.: Entscheidungen über die Einsetzbarkeit von Software anhand formaler Modelle. Sinzheim 1995. S.: 61.

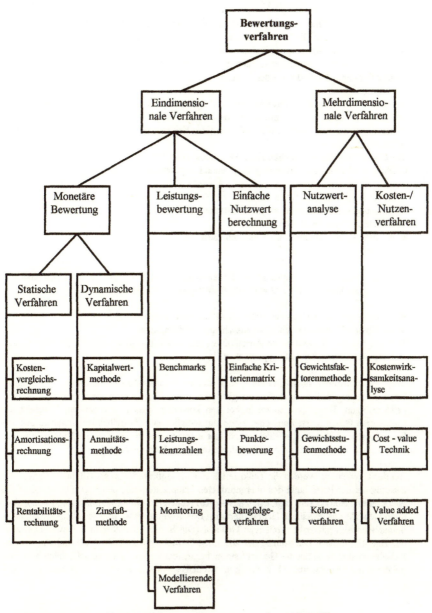

Abbildung 22: Auswahl von Verfahren zur Bewertung von Investitionen[116]

---

[116] Priemer, J.: Entscheidungen über die Einsetzbarkeit von Software anhand formaler Modelle. Sinzheim 1995. S.: 62.

Das Prinzip dieser Nutzwertanalyse ist die Analyse einer Menge komplexer Handlungsalternativen, mit dem Zweck, die Elemente dieser Menge entsprechend der Präferenzen des Entscheidungsträgers bezüglich eines multidimensionalen Zielsystems zu ordnen. Für jede Alternative kann so ein Nutzwert berechnet werden, wodurch die unterschiedlichen Handlungsalternativen in einer Ordnung abgebildet werden können.

Um eine Beurteilung der unterschiedlichen Angebote durchführen zu können, muß zunächst ein Kriterienkatalog erstellt werden. Die darin enthaltenen Kriterien ergeben sich aus den Anforderungen und Fragen des Pflichtenheftes (Der Kriterienkatalog ist kein Teil des Pflichtenheftes).
Die Gliederung des Kriterienkatalogs ist analog zum Aufbau des Pflichtenheftes aufgebaut. Deshalb wird eine Untergliederung in folgende Hauptkriterien vorgenommen:

■ anwendungsbezogene Kriterien,
■ hard- und systemsoftwarebezogene Kriterien,
■ anbieterbezogene Kriterien,
■ wartungs- und dokumentationsbezogene Kriterien und
■ kostenbezogene Kriterien.[117]

Die Einbeziehung der kostenbezogenen Kriterien muß nicht zwingend erfolgen. Von einer Einbeziehung des Kostenkriteriums kann gänzlich abgesehen werden:

■ wenn die Kosten der unterschiedlichen Alternativen annähernd gleich sind,
■ die Kosten für die Auswahl nicht ausschlaggebend sind oder
■ eine getrennte Bewertung im Anschluß an die Nutzwertanalyse im Rahmen einer Kosten-Nutzwert-Gegenüberstellung geplant ist.[118]

Diese Hauptkriterien des Kriterienkatalogs können grundsätzlich in Teilkriterien (analog zur Untergliederung im Pflichtenheft) untergliedert werden. Eine Untergliederung muß nicht zwingend erfolgen. Beispielsweise reicht bei den kostenbezogenen Kriterien ein Vergleich der summierten Gesamtkosten aus oder es genügt lediglich eine Aufteilung in einmalige und laufende Kosten, während das Pflichtenheft hier eine wesentlich detailliertere Unterteilung vorschreibt (vgl.: Kapitel 3.2.4.1 Standardgliederung eines Pflichtenheftes).

Bei der Gewichtung werden die Teilkriterien eines Hauptkriteriums, gemäß ihrer relativen Bedeutung bei der Erreichung des übergeordneten Hauptkriteriums, bewertet. Das absolute Gewicht eines Teilkriteriums ergibt sich aus seinem relativen Gewicht multipliziert mit dem absoluten Gewicht des jeweiligen Hauptkriteriums. Das absolute Gewicht eines Hauptkriteriums ist immer identisch mit seinem relativen Gewicht (Die Summe der absoluten Gewichtsprozente der Hauptkriterien = Die Summe der absoluten Gewichtsprozente der Teilkriterien = 100%). KO-Kriterien müssen bei der Gewichtung nicht gewichtet werden, da ausschließlich Softwarepakete in der Feinbewertung berücksichtigt werden, welche die KO-Kriterien bereits erfüllen.

---

[117] Vgl.: Priemer, J.: Entscheidungen über die Einsetzbarkeit von Software anhand formaler Modelle. Sinzheim 1995. S.: 58.
[118] Vgl.: Grupp, B.: EDV-Pflichtenheft zur Hardware- und Softwareauswahl. Köln 1995. S.: 175 - 176.

Zur Bestimmung der relativen Gewichtung existieren zahlreiche Verfahren, z.B.:

- das Trade-Off-Verfahren,
- das Swing-Verfahren und
- das Direct-Ratio-Verfahren.

Die folgenden Ausführungen beziehen sich auf das Direct-Ratio-Verfahren, da dieses in der Praxis oftmals Verwendung findet. Dabei werden alle Kriterien (zunächst werden alle Haupt-, dann alle Nebenkriterien getrennt voneinander gewichtet) nach ihrer Bedeutung geordnet. Anschließend werden alle Kriterien jeweils paarweise miteinander verglichen. Das Kriterium, welchem die geringere Bedeutung beigemessen wird, wird der Faktor 1 zugeordnet, dem anderen Kriterium wird, je nach Bedeutung, ein mehr oder weniger größerer Faktor als 1 zugeordnet. Das einem Kriterium beigemessene Gewicht ergibt sich als Summe seiner Faktoren, dividiert durch die Summe aller Faktoren.

Als Alternative zu der oben beschriebenen Verteilung der Faktorwerte, können sie nach der Methode von Schreiber verteilt werden. Nach dieser Methode wird beim paarweisen Vergleich dem Kriterium mit der geringeren Bedeutung nicht automatisch der Faktor 1 zugeordnet, sondern die Summe der Faktoren der miteinander verglichenen Kriterien muß den Wert 10 ergeben. Wie die 10 Punkte auf die Faktoren verteilt werden, wird fest vorgegeben. Nachfolgender Abbildung ist zu entnehmen, wie die 10 Punkte bei unterschiedlichen Relationen zu verteilen sind.[119]

Faktor A	Faktor B	Beziehung A/B
9	1	B spielt gegenüber A praktisch keine Rolle
8	2	A ist viel wichtiger als B
6	4	A ist wichtiger als B
5	5	A und B ist etwa gleich wichtig
4	6	A ist weniger wichtig als B
2	8	A ist viel weniger wichtig als B
1	9	A spielt gegenüber B praktisch keine Rolle

Abbildung 23: Bestimmung der Faktoren beim Vergleich zweier Kriterien[120]

---

[119] Vgl.: Priemer, J.: Entscheidungen über die Einsetzbarkeit von Software anhand formaler Modelle. Sinzheim 1995. S.: 59.

[120] Priemer, J.: Entscheidungen über die Einsetzbarkeit von Software anhand formaler Modelle. Sinzheim 1995. S.: 59.

Sind alle Hauptkriterien und Unterkriterien gewichtet, müssen den möglichen Ausprägungen eines Unterkriteriums (bzw. einem Hauptkriterium, wenn dieses nicht in Unterkriterien untergliedert ist.) ein Nutzwert zugeordnet werden. Zunächst einmal werden die möglichen Ausprägungen eines Nutzwertes festgelegt. Dies geschieht mit Hilfe einer Bewertungsskala, die folgendes Aussehen besitzen kann:

Bewertungskala (Indexleiter)	
Bewertungs-prozentsatz	Erläuterungen
100	Optimale Leistung / Funktion; in allen Punkten der Anforderung entsprechend
80	Kleinere Mängel und Nachteile; Leistung leicht unter den Anforderungen
60	Ins Gewicht fallende Mängel und Nachteile; Leistung nennenswert unter den Anforderungen
40	Ganz erhebliche Mängel und Nachteile; Leistung weit unter den Anforderungen
20	Funktion nur zum geringen Teil brauchbar; Leistung nur bruchstückhaft vorhanden
0	Funktion / Kriterium nicht vorhanden oder unbrauchbar

Abbildung 24: Ausprägung eines Nutzwertes in Form einer Bewertungsskala[121]

Alternativ zu den Bewertungsprozentsätzen in dieser Bewertungsskala kann auch eine Punkteverteilung in Betracht gezogen werden, mit einer Skala von 1 bis 6 (Bewertungsprozentsatz 100 = 6 Punkte).

---

[121] Grupp, B.: EDV-Pflichtenheft zur Hardware- und Softwareauswahl. Köln 1995. S.: 175.

Den Nutzwertausprägungen müssen nun die unterschiedlichen Ausprägungen eines Kriteriums zugeordnet werden. Ihre Unterscheidung wird wie folgt bestimmt:

- die Ausprägungen eines Kriteriums sind quantitativ und lassen sich mit Kardinalskalen bestimmen, so ist die Zuordnung zu den Nutzwerten entsprechend dieser Skala zuzuordnen,
- die Ausprägungen eines Kriteriums lassen nur 2 Möglichkeiten (z.B.: ja oder nein, erfüllt oder nicht erfüllt) zu. So ist die Meßbarkeit an einer Nominalskala gegeben, der dann die entsprechenden Nutzwerte zugeordnet werden,
- die Ausprägungen eines Kriteriums sind qualitativ. Dann müssen diese mit Hilfe einer Ordinalskala quantifiziert werden, d.h. die unterschiedlichen Ausprägungen werden entsprechend ihrem Erfüllungsgrad geordnet und über die Platzziffer wird der entsprechende Nutzwert zugeordnet.

Die qualitativen Ausprägungen von Kriterien haben den Nachteil, daß ihre Quantifizierung nur schätzungsweise geschehen kann. Die Art der Ausprägungen eines Kriteriums hängt von der Formulierung des Pflichtenheftes ab und kann durch die entsprechenden Formulierungen im Pflichtenheft gesteuert werden. Der Verfasser des Pflichtenheftes kann bei der Formulierung seiner Anforderungen bspw.: die möglichen Antworten vorgeben (erfüllt oder nicht erfüllt) oder die Fragen entsprechend präzise formulieren, so daß ausschließlich quantifizierbare Antworten der Anbieter bei der Beantwortung des Pflichtenheftes möglich sind. [122]
Die Bewertung der einzelnen Angebote kann durch das Projektteam gemeinsam geschehen oder zunächst getrennt durch jedes einzelne Mitglied des Projektteams, mit einer anschließenden Abstimmung der Ergebnisse. Das ausgefüllte Pflichtenheft stellt in erster Linie die Grundlage für die Bewertung der Angebote dar, die Eindrücke und Erkenntnisse aus der Softwaredemonstration, der Referenzbesuche und die ersten Vertragsverhandlungen bzw. das persönliche Gespräch mit dem Ansprechpartner des jeweiligen Anbieters fließen mit in die Bewertung ein.

Nach der endgültigen Bewertung der Angebote werden die vergebenen Punkte mit den zugehörigen absoluten Gewichten des jeweiligen Unterkriteriums multipliziert und die Produkte addiert. Damit ergibt sich der Nutzwert jeder Alternative. Die Alternative mit dem höchsten Nutzwert wird ausgewählt. Sollte die Nutzwertanalyse zu keinem eindeutigen Ergebnis kommen, kann eine weitere Verfeinerung der Nutzwertanalyse vorgenommen werden, indem die Unterkriterien in weitere einzelne Kriterien unterteilt werden. [123] Wird eine getrennte Betrachtung der Kosten vorgenommen, ist beispielsweise bei der Kostenwirksamkeitsanalyse im Anschluß an die Berechnung des Nutzwertes der Quotient aus Kosten und Nutzen zu bilden. Bei der Kostenwirksamkeitsanalyse ist zu berücksichtigen, daß nicht unbedingt das Softwarepaket mit dem niedrigsten Quotienten aus Kosten und Nutzwert ausgewählt wird, da eventuell die Anforderungen, welche an die Standardsoftware gestellt wurden, nur unzureichend erfüllt werden. Die Gegenüberstellung von Kosten und Nutzen in einem Kosten-Nutzwert-Diagramm (vgl. Abbildung 25) kann durch die Steigung der Kurve Aufschluß darüber geben, ob sich der Mehraufwand für ein Produkt mit höherem Nutzwert lohnt. [124]

---

[122] Vgl.: Priemer, J.: Entscheidungen über die Einsetzbarkeit von Software anhand formaler Modelle. Sinzheim 1995. S.: 60.

[123] Vgl.: Stahlknecht, P.: Einführung in die Wirtschaftsinformatik. Berlin u.a. 1993. S.: 309.

[124] Vgl.: Priemer, J.: Entscheidungen über die Einsetzbarkeit von Software anhand formaler Modelle. Sinzheim 1995. S.: 60.

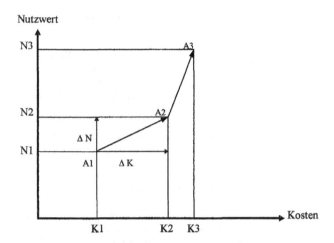

Abbildung 25: Kosten-Nutzwert-Diagramm[125]

3.2.5.5 Der Softwarevertrag

Wurde eine endgültige Entscheidung für ein Standardsoftwarepaket getroffen, muß ein Softwarevertrag mit der Anbieterfirma geschlossen werden. Dabei werden folgende Arten von Softwareverträgen unterschieden:

- Kaufvertraglicher Erwerb von Standardsoftware und
- Softwareleasing.

Der Softwareüberlassungsvertrag (endgültiger, entgeltlicher Erwerb), ist als Sachkauf im Sinne des §433 Abs.1 S.1 BGB zu werten, der von beiden Seiten im Wege des §§ 929ff. BGB zu erfüllen ist. Inhaltlich ist der Softwarekauf als Unterfall des Sachkaufs zu qualifizieren. Im Fall eines Softwareüberlassungsvertrages bedeutet dies die endgültige Übertragung des Funktions- und Vermögenswertes auf den Anwender, der durch die Erfüllung des Vertrages seitens des Veräußerers der Standardsoftware eine vollständige Rechtsinhaberschaft erhält, die jedoch mit schuldrechtlichen Nutzungsrechts- und Verwertungseinschränkungen zu Lasten des Anwenders belastet ist.

Die Erfüllung des Vertrages durch den Softwaregeber erfolgt durch Übergabe und Übereignung der körperlichen Softwareelemente Programmträger und Dokumentation. Dies schließt

---

[125] Priemer, J.: Entscheidungen über die Einsetzbarkeit von Software anhand formaler Modelle. Sinzheim 1995. S.: 63.

eine Programmübermittlung per Datenfernleitung aus. Insbesondere ist zu beachten, daß Beratungs-, Aufklärungs- oder Einweisungspflicht grundsätzlich nicht Teil des Softwarevertrages beim Kauf einer Standardsoftware sind, sondern einer gesonderten Vereinbarung im Softwarevertrag bedürfen. Leistungsstörungen sind nach den kaufrechtlichen Regelungen (insbesondere §§ 459ff. BGB) zu beurteilen. Inhaltliche Programmfehler, die nach der Übergabe auftreten, sind nach dem herrschenden subjektiv-objektiv Fehlerbegriff zu messen. [126]

Die zeitweise Überlassung von Standardsoftware erfolgt auf der Grundlage eines Miet- oder Leasingvertrages. Für Softwareleasingverträge gelten die allgemeinen Regeln des Leasingrechts. Der Mietvertrag ist im Gegensatz zum Kaufvertrag mit den typischen Nutzungsabsprachen problemlos vereinbar. Die mietrechtlichen Vorschriften finden im Softwarevertrag Anwendung, dies gilt ebenfalls für den Fall der Leistungsstörung. [127]

Unabhängig von der Art des Softwarevertrages sollten die im Pflichtenheft formulierten Anforderungen Bestandteil des Softwarevertrages sein. Dies betrifft insbesondere eventuell vom Hersteller vorzunehmende individuelle Anpassungen der Standardsoftware, die vom Hersteller vorzunehmenden Individualprogrammierungen sowie nachträglich ausgehandelte Konditionen.

3.2.6 Einführung von Standardsoftware

Nach der Entscheidung für ein DV-Anwendungssystem und dem Abschluß des Softwarevertrages erfolgt die Einführung der neuen Standardsoftware. Dabei lassen sich drei grundsätzliche Einführungsstrategien unterscheiden:

- der Ersteinstieg,
- die sukzessive Einführung (step by step) und
- der Big Bang.

Unter dem Ersteinstieg wird die Einführung einer oder maximal zwei Komponenten gleichzeitig verstanden. Dies ist der Fall, wenn nur eine oder zwei Komponenten der ausgewählten Standardsoftware insgesamt benötigt werden, oder er stellt den Einstieg zu einer sukzessiven Einführung dar.

Die Einführungsstrategien Big Bang und die sukzessive Einführung von Softwarekomponenten sind getrennt vom Ersteinstieg zu betrachten, da diese sich auf die Einführung mehrerer Komponenten beziehen.

Die sukzessive Einführung stellt eine Kombination aus einem Ersteinstieg und der mehrfachen Einführung einer weiteren Komponente dar, d.h. es wird eine Komponente nach der anderen eingeführt. Dabei bestehen die Möglichkeiten einer stufenweisen (bei der Einführung einer Komponente des neuen DV-Systems wird die entsprechende Komponente des alten DV-

---

[126] Vgl.: Malzer, M.: Der Softwarevertrag. Köln 1991. S.: 92 - 93 + 214 - 218.
[127] Vgl.: Malzer, M.: Der Softwarevertrag. Köln 1991. S.: 235 + 256 - 257.

Systems ersetzt) oder einer parallelen Einführung (die alten Komponenten werden nicht nach und nach mit jeder neuen Komponente abgelöst, sondern erst, wenn das gesamte neue DV-System eingeführt wurde. Bis zu diesem Zeitpunkt laufen das alte und das neue DV-System im Parallelbetrieb) (vgl. Abbildung 26).

Vorteile dieser Einführungsstrategie gegenüber dem Big Bang sind:

- daß die Aufteilung in einzelne kleinere Projekte den Vorteil besitzt, überschaubarer zu sein,
- daß die Beeinträchtigung des Alltagsgeschäftes geringer ist,
- daß Terminverschiebungen keine entscheidenden Konsequenzen nach sich ziehen und
- daß, sich die Finanzierung des DV-Projektes über einen längeren Zeitraum erstreckt.

Im Gegensatz dazu sind folgende Nachteile gegenüber dem Big Bang zu bedenken:

- der Gesamtnutzen der letztendlich angestrebten Gesamtlösung wird erst nach Einführung aller Komponenten erreicht und verzögert sich durch die sukzessive Einführung,
- die hohe Anzahl der Schnittstellen zwischen dem alten und dem neuen System und
- es besteht die Gefahr, daß Anforderungen später einzuführender Komponenten bei der Einführung der ersten Komponenten nicht berücksichtigt werden.

Ein Big Bang liegt vor, wenn mehrere Komponenten (mindestens 3, da die Einführungsstrategie sonst als Ersteinstieg zu bezeichnen ist) gleichzeitig eingeführt werden und zeitgleich produktiv werden, d.h. es wird eine schlagartige Einführung (vgl. Abbildung 26) der neuen Software vorgenommen.

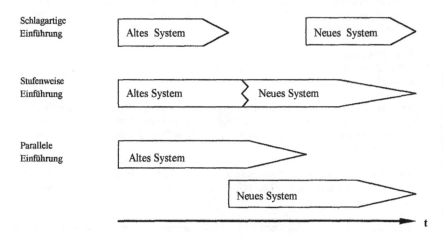

Abbildung 26: Systemübergang als Merkmal von Einführungsstrategien[128]

---

[128] Jochem, M.: Einführung integrierter Standardsoftware: ein ganzheitlicher Ansatz. Frankfurt 1998. S.: 59.

Die Nachteile dieser Einführungsstrategie gegenüber der sukzessiven Einführungsstrategie sind:

■ die Größe des Projektteams (ggf. mehrere Projektteams), die koordiniert werden muß,
■ die größere Belastung der Mitarbeiter in der Zeit des Übergangs vom alten auf das neue DV-Anwendungssytem,
■ die sehr hohe Komplexität des Einführungsvorgangs und
■ die Unkalkulierbarkeit der Risiken bezüglich Termine, Kosten und Durchführbarkeit.[129]

Unabhängig davon, welche grundsätzliche Einführungsstrategie für das gesamte Softwarepaket mit seinen einzuführenden Softwarekomponenten gewählt wurde, müssen folgende Aktivitäten durchgeführt werden:

■ Abnahmetest,
■ Übergabe des DV-Systems,
■ Anpassung der Standardsoftware,
■ Schulung der Mitarbeiter,
■ Übernahme der Stamm- und Bewegungsdaten, sowie
■ die Inbetriebnahme der neuen Standardsoftware.

Um eine termingerechte Einführung der neuen Standardsoftware zu garantieren, ist es bei größeren einzuführenden Standardsoftwarepaketen angebracht, einen Terminplan in Form eines Balkendiagramms oder Netzplanes für die im Rahmen der Einführung durchzuführenden Aktivitäten aufzustellen. Abzusehen ist von der Aufstellung eines Terminplanes, wenn es sich bei der Einführung des neuen DV-Systems nur um ein oder zwei Module handelt, keine festen Termine für die Inbetriebnahme eingehalten werden müssen und die Einführung der Software das Tagesgeschäft des einführenden Unternehmens nicht beeinflußt. Die Einführung der Standardsoftware sollte in einem Zeitraum vorgenommen werden, in dem die Geschäftstätigkeit aufgrund saisonaler Schwankungen nicht überstrapaziert ist.

3.2.6.1 Testphase

Bevor die formelle Abnahme des DV-Systems durchgeführt wird, muß die zu installierende Software einem Test unterzogen werden, um eventuell vorhandene Fehler frühzeitig aufzudecken. Schwerpunkt des Tests liegt auf den vom Lieferanten vorgenommenen Individualprogrammierungen und -anpassungen und die darin vom Kunden enthaltenen Anforderungen, da diese im Rahmen der Softwaredemonstration nicht getestet werden konnten. Ein weiterer Schwerpunkt des Tests besteht darin, das Zusammenspiel zwischen den Komponenten des DV-Altsystems und dem neuen DV-System zu überprüfen.

---

[129] Jochem, M.: Einführung integrierter Standardsoftware: ein ganzheitlicher Ansatz. Frankfurt 1998. S.: 57 - 58 + 296 - 336.

Im engeren und klassischen Sinne versteht man unter Testen die Prüfung von codierten Programmen auf korrekte Formulierung und Ausführung. Nach dieser Definition ist Testen ein analytisches Verfahren, das nach der Programmierung beginnt. Der Nachweis, daß ein Programm korrekt arbeitet, d.h. die im Pflichtenheft festgelegten Leistungen erbringt, nennt man (Programm-) Verifikation. Diese beiden Definitionen treffen auf die Situation des Käufers einer neuen Standardsoftware zu. Der dazugehörige Test wird als Black Box-Test bezeichnet. Der Black Box-Test ist ein Anforderungstest, der die korrekte Ausführung der geforderten Funktionen prüft. Die Formulierung und die Arbeitsweise des Programms spielen keine Rolle. Man spricht in diesem Zusammenhang auch vom dynamischen Testen. Durch das Testen soll die Anwesenheit, jedoch nicht die völlige Abwesenheit von Fehlern bewiesen werden. Durchgeführt wird der Test nach einer typischen Bottom-Up-Vorgehensweise, bei der nacheinander die folgenden Stufen durchlaufen werden:

- Einzeltest (Modultest),
- Integrationstest (Komponententest),
- Systemtest,
- Abnahmetest (Abnahmeverfahren).

Dabei wird jede Teststufe in die folgenden Schritte unterteilt:

- Testvorbereitung,
- Testdurchführung und
- Testnachbereitung.

Im Rahmen der Testvorbereitung werden der Testumfang festgelegt, die Testdaten ausgewählt und die erwarteten Testergebnisse manuell vorausberechnet. Die Testdurchführung entspricht dem eigentlichen Test. Bei der Testnachbereitung sind die Testergebnisse auszuwerten und bei auftretenden Fehlern ist die Komponente bzw. das Modul an den Hersteller zur Überarbeitung zurückzugeben. Falls Fehler aufgetreten sind, sind weitere Testfälle festzulegen, die nach einer Überarbeitung des Programmes durchgeführt werden.

Beim Einzeltest werden die Module zunächst einzeln getestet, beim anschließenden Integrationstest werden die einzelnen Module zusammengefügt und als Komponente in ihrer Gesamtheit getestet. Der Einzel- und Integrationstest ist nur für Module und Komponenten anzuwenden, bei denen Änderungen durch individuelle Programmierungen durchgeführt wurden. Bei den Modulen, bei denen dies nicht geschehen ist, ist ein solcher Test in der Regel nicht durchzuführen, da davon ausgegangen werden kann, daß es sich bei einer angebotenen Standardsoftware, von welcher bereits eine größere Anzahl von Installationen durchgeführt wurde, um ein technisch ausgereiftes Programm handelt, bei dem keine schwerwiegenden Fehler auftreten dürften. [130]

Ziel des Systemtestes ist es, das Zusammenspiel über mehrere Komponenten der Software hinweg und zwischen der Standardsoftware und den "umliegenden" externen Anwendungen zu testen. Aus diesem Grund sollten alle Module und Komponenten, im Gegensatz zum Einzel- und Integrationstest, am Systemtest beteiligt werden. An diesem Test nehmen sowohl das gesamte Projektteam, sowie die von der neuen Standardsoftware betroffenen Abteilungen teil. Der Test findet unter Verwendung aller Formulare, Listen, Vordrucke etc. statt. Im Rahmen

---

[130] Vgl.: Stahlknecht, P.: Einführung in die Wirtschaftsinformatik. Berlin u.a. 1993. S.: 292 - 293.

des Systemtests sind neben der Überprüfung der Funktionen, der Komponenten (Dialogfunktionen überprüfen, Auswertungen fahren, Formulare erstellen etc.) auch sogenannte Massentests durchzuführen, um bei der Dateneingabe mehrerer Anwender eventuelle Hardwareengpässe aufzudecken (ggf. sind Maßnahmen zur Hardwareerweiterung zu treffen) und die Schnittstellen zu den vor- und nachgelagerten Anwendungen zu überprüfen.[131]

Wurden alle in dem vorangegangenen Test aufgedeckten Fehler beseitigt, wird erneut ein Test des gesamten DV-Anwendungssystems durchgeführt, in dem vom System alle im Softwarevertrag festgelegten Anforderungen vom DV-Anwendungssystem vollständig und fehlerfrei erbracht werden müssen. Der Abnahmetest ist im Unternehmen des Käufers der Standardsoftware durchzuführen, unter Einbezug aller von der neuen Standardsoftware betroffenen Abteilungen.[132]

3.2.6.2 Programmübergabe und Schulungsmaßnahmen

Ist der Abnahmetest erfolgreich durchgeführt, erfolgt die förmliche Programmfreigabe, in der die schriftliche Dokumentation (Handbücher) sowie alle gespeicherten Unterlagen (z.B.: Data Dictionaries), überprüft werden. Dabei wird unterschieden zwischen den Handbüchern für die beteiligten Fachabteilungen und die DV-Abteilung.

Innerhalb der Fachabteilungen sind ebenfalls für die unterschiedlichen Benutzer (Verkäufer, Sachbearbeiter etc.) Handbücher anzufertigen.

Innerhalb der Dokumentation für die DV-Abteilung werden folgende Beschreibungen unterschieden:

- die Beschreibung für die Programmierung zur späteren Wartung der Programme und
- die Beschreibung für die ausführenden Stellen, insbesondere für die verschiedenen Bereiche des Rechenzentrums.

Eine detaillierte Inhaltsbeschreibung für die Programmdokumentationen kann der DIN 66230 entnommen werden. Bei der Überprüfung der Dokumentationen ist zu beachten, daß die schriftliche Dokumentation nicht durch eine Online-Dokumentation ersetzt werden kann (siehe auch Kapitel 3.2.5.5 (Der Softwarevertrag)).

Ist die Vollständigkeit der Dokumentation überprüft und dem Softwarelieferanten vom Projektleiter bestätigt, erfolgt die förmliche Übergabe des DV-Anwendungssystems, die mit einer entsprechenden Anweisung an alle Beteiligten verbunden ist.[133]

---

[131] Vgl.: Jochem, M.: Einführung integrierter Standardsoftware: ein ganzheitlicher Ansatz. Frankfurt 1998. S.: 238 - 239.

[132] Vgl.: Stahlknecht, P.: Einführung in die Wirtschaftsinformatik. Berlin u.a. 1993. S.: 293 - 294.

[133] Vgl.: Stahlknecht, P.: Einführung in die Wirtschaftsinformatik. Berlin u.a. 1993. S.: 315 - 317.

Die Schulungsmaßnahmen der zukünftigen Anwender sollten spätestens nach der förmlichen Übergabe erfolgen. Der optimale Zeitpunkt für den Beginn und die Dauer der Schulungsmaßnahmen hängt von der Größe und der Komplexität der einzuführenden Standardsoftware, der Anzahl der betroffenen Geschäftsprozesse und der Anzahl der abzuändernden Arbeitsabläufe ab. Die Schulung der zukünftigen Benutzer betrifft die Funktionen der Software, geänderte Zuständigkeiten und geänderte Arbeitsabläufe. Sie sollte nach Möglichkeit vor Ort im Unternehmen stattfinden, um so besser auf die unternehmensspezifischen Belange eingehen zu können. Bei Kleinunternehmen kann bei einer meist entsprechend geringen Anzahl an zukünftigen Nutzern (in der Regel maximal 4) die Schulung meist direkt am Arbeitsplatz stattfinden. In mittelständischen Unternehmen müssen hierfür entsprechende Räume zur Verfügung gestellt, und eine Aufteilung der zukünftigen Nutzer nach gleichen Schulungsanforderungen vorgenommen werden, um einen optimalen Lernerfolg zu erzielen. Die Schulung der Softwarefunktionen wird in der Regel vom Softwareanbieter durchgeführt. Um einen optimalen Lerneffekt zu erreichen, sollten Benutzerhandbücher und die Schulungsunterlagen bereits vorab an die zu schulenden Mitarbeiter verteilt und von diesen durchgearbeitet werden. Neben der Schulung durch den Softwarelieferanten sollte anhand einer Testsoftware eine eigenständige Schulung der Mitarbeiter stattfinden. Die Änderungen der Arbeitsabläufe und der Zuständigkeiten zu vermitteln, obliegt dem Projektteam.[134]

3.2.6.3 Anpassung von Standardsoftware

Ist die neue Standardsoftware im Unternehmen des Erwerbers installiert, muß diese zunächst an die individuellen Anforderungen des Unternehmens angepaßt werden. Bei der Anpassung der Standardsoftware kann der Anwender unterschiedliche Anpassungsziele verfolgen. Dabei wird zwischen folgenden unterschieden:

- fachliche Anpassungsziele, d.h., die vorhanden betriebswirtschaftlichen Funktionen eines Systems sollen an den Soll-Zustand angepaßt werden,
- technische Anpassungsziele, d.h., die Standardsoftware soll an eine bereits vorhandene Hardware angepaßt werden,
- organisatorische Anpassungsziele, d.h., das neue DV-Anwendungssystem soll an das organisatorische Umfeld angepaßt werden (z.B.: Namen und Bezeichnungen der Standardsoftware sollen den unternehmensinternen Richtlinien angepaßt werden) und
- benutzerbezogene Anpassungsziele, d.h., die Benutzerschnittstellen des Systems werden an die Anforderungen konkreter Benutzer angeglichen.[135]

---

[134] Vgl.: Jochem, M.: Einführung integrierter Standardsoftware: ein ganzheitlicher Ansatz. Frankfurt 1998. S.: 243 - 244.
[135] Vgl.: Priemer, J.: Entscheidungen über die Einsetzbarkeit von Software anhand formaler Modelle. Sinzheim 1995. S.: 44 - 45.

Für die Erreichung dieser Anpassungsziele stehen generell drei Möglichkeiten zur Verfügung:

- die Parametrisierung,
- das Customizing (Konfigurieren),
- die Individualprogrammierung.[136]

Bei der Parametrisierung werden Parameter und Tabellen vom Anwender bestimmt, um die Standardsoftware an die unternehmensspezifischen Bedürfnisse anzupassen. Beispielsweise kann der Anwender den aktuellen Mehrwertsteuersatz eingeben, die Länge von Datenfeldern, oder das Verbrauchsfolgeverfahren bei der Bewertung von Lagerbeständen festlegen und diese gegebenenfalls später wieder ändern. Dies geschieht nach der Installation und kann, nachdem die entsprechenden Programme (Steuertabellen) aufgerufen wurden, in die vorgegebenen Masken eingetragen werden.[137]

Beim Customizing kann der Anwender zwischen den unterschiedlichen Programmbausteinen auswählen, welche die Standardsoftware zur Verfügung stellt. Die Generierung erfolgt computergesteuert und hat folgenden Ablauf:

- Zunächst werden die gewünschten Programmfunktionen bei der Installierung der Standardsoftware in Form eines Bildschirmdialogs festgelegt,
- danach erfolgt eine Prüfung der Software auf Logik und Hardware-Realisierbarkeit (gegebenenfalls müssen die im ersten Schritt gemachten Angaben korrigiert werden),
- wurde die Prüfung erfolgreich beendet, wird das gesamte Programm generiert.

Voraussetzung für das Customizing und die Parametrisierung ist, daß alle vom Anwender benötigten Funktionen vom Programm zur Verfügung gestellt werden.[138]

Eine Anpassung der Standardsoftware durch Individualprogrammierung kann durch Programmierer des Softwarekunden oder des Softwarelieferanten durchgeführt werden.
Die Programmmodifikation durch den Kunden setzt voraus, daß das Programm dem Anwender als Sourcecode vorliegt. Dabei ist zu beachten, daß die Softwarewartung durch den Hersteller erschwert wird, wenn dieser die Programmierung nicht vorgenommen hat. Aus diesem Grund muß mit einer Erhöhung der Kosten für die Softwarewartung gerechnet werden. Eine Individualprogrammierung durch den Softwarekunden bei KMU wird in der Regel nicht vorgenommen, da diese nicht über die entsprechenden Fachkräfte verfügen.

Eine Individualprogrammierung durch den Hersteller wird bereits vor der Installation des DV-Anwendungssystems vorgenommen und im Softwarevertrag festgeschrieben. In Ausnahmefällen kann eine Programmmodifikation durch Individualprogrammierung durch den Hersteller auch erst nach der Installation durchgeführt werden, falls zusätzliche Anforderungen, die nicht von der angeschafften Standardsoftware abgedeckt werden, Berücksichtigung finden müssen.
Grundsätzlich sollte eine Individualprogrammierung nur in Ausnahmefällen durchgeführt werden, da durch sie erhebliche Kosten entstehen und die ausgewählte Standardsoftware mindestens 80 Prozent der Anwenderanforderungen abdecken sollte.[139]

---

[136] Vgl.: Stahlknecht, P.: Einführung in die Wirtschaftsinformatik. Berlin u.a. 1993. S.: 302.

[137] Vgl.: Grupp, B.: Standardsoftware richtig auswählen und einführen. Wuppertal 1994. S.: 105.

[138] Vgl.: Stahlknecht, P.: Einführung in die Wirtschaftsinformatik. Berlin 1993. S.: 303.

[139] Vgl.: Grupp, B.: Standardsoftware richtig auswählen und einführen. Wuppertal 1994. S.: 107.

3.2.6.4 Übernahme von Stamm- und Bewegungsdaten

Die Grundvoraussetzung für die Inbetriebnahme des neuen DV-Anwendungssystems ist die Übernahme der Stamm- und Bewegungsdaten. Die zu übernehmenden Daten:

- können mit Hilfe einer Konversionssoftware von der alten Software auf die neue Standardsoftware überspielt werden oder
- können bei geringen Datenbeständen bzw. bei Unternehmen, die erstmalig ein DV-Anwendungssystem einführen, manuell eingegeben werden.[140]

Bei der manuellen Übernahme der Daten, insbesondere bei Unternehmen, die erstmals ein DV-Anwendungssystem nutzen, sind die zu übernehmenden Daten vor ihrer Eingabe zu überarbeiten und zu aktualisieren. Insbesondere ist die Übernahme sogenannter "Karteileichen" zu vermeiden. Bei der manuellen Übernahme großer Datenbestände können folgende Strategien angewendet werden:

- Übernahme der Daten nach Sachgebieten,
- Übernahme der Daten nach dem ABC-Prinzip (die am häufigsten verwendeten Daten werden zuerst übernommen),
- die Daten werden dann übernommen, wenn der Datensatz (z.B.: Kunde oder Artikel) zum erstenmal angesprochen wird.[141]

Wurden alle Daten übernommen, sind jene des alten und die des neuen Systemes abzugleichen und gegebenenfalls zu korrigieren. Eine technische Nachpflege der Datenübernahme ist ebenfalls durchzuführen (z.B.: Pflege von Nummernkreisen).[142]

---

[140] Vgl.: Stahlknecht, P.: Einführung in die Wirtschaftsinformatik. Berlin u.a. 1993. S.: 317.
[141] Vgl.: Grupp, B.: Standardsoftware richtig auswählen und einführen. Wuppertal 1994. S.: 108.
[142] Jochem, M.: Einführung integrierter Standardsoftware: ein ganzheitlicher Ansatz. Frankfurt 1998. S.: 244.

4 Praxis

Ziel dieses Kapitels ist, für ein Kleinunternehmen der Textilbranche eine geeignete Standardsoftware gemäß den im Projektauftrag formulierten Anforderungen auszuwählen. Dabei wird zuerst die Ausgangssituation des Unternehmens beschrieben und der Projektauftrag dargelegt. Danach wird im Hauptteil dieses Kapitels ein Pflichtenheft zur Beschaffung einer neuen Standardsoftware formuliert. Zum Abschluß wird auf der Grundlage der Beantwortung des Pflichtenheftes durch die potentiellen Lieferanten eine Bewertung der angebotenen Standardsoftwarepakete vorgenommen und eine entsprechende Auswahl getroffen. Bei der Erstellung des Pflichtenheftes und der Angebotsauswahl wurden die Vorgehensweise und die Verfahren, die unter dem im Kapitel 3.2 entwickelten Vorgehensmodell vorgestellt wurden, angewandt.

4.1 Ausgangssituation und Projektauftrag

Das betrachtete Kleinunternehmen wurde vor 45 Jahren gegründet und gehört der Textil- und Bekleidungsbranche an. Dabei hat das Unternehmen in den letzten 10 Jahren eine Wandlung vom reinen Fertigungsbetrieb hin zum Handelsunternehmen erfahren. Die angebotenen Waren sind Fertigwaren aus Fernost und Osteuropa sowie eigene Modelle, die in Deutschland und Osteuropa von anderen Unternehmen in Lohnarbeit hergestellt werden. Die Eigenproduktion findet nicht mehr statt.

Die Auslöser im Unternehmen, die zu dem Entschluß zur Anschaffung einer neuen Standardsoftware geführt haben, sind das "Jahr 2000 Problem" und die Euro-Umstellung. Die bisher verwendete Individuallösung wurde Anfang der 80er Jahre installiert und ist weder fähig, die im Zusammenhang mit dem Jahr 2000, noch die mit der Euro-Umstellung auftretenden Probleme zu bewältigen. Eine entsprechende Anpassung der verwendeten Individualsoftware scheiterte an den zu hohen Kosten. Die Individuallösung umfaßt folgende Funktionen:

- die Fakturierung,
- die Auftragsbearbeitung,
- die Materialdisposition,
- die Kalkulation und
- die Finanzbuchhaltung.

Im Jahre 1996 wurde die Finanzbuchhaltung der Individuallösung durch eine Standardsoftware der Firma Lexware abgelöst. Die Erstellung der Versandpapiere erfolgt mit Hilfe des MS-Office Paketes. Der Druck der Etiketten für die Kunden erfolgt ebenfalls mit Hilfe des MS-Office Paketes und der darin enthaltenen Formatvorlagen. Der Druck der eigenen Firmenetiketten wird durch die vorhandene Individuallösung übernommen.

Für die Auswahl und Einführung der neu anzuschaffenden Standardsoftware wurde auf die Zusammenstellung eines Projektteams verzichtet. Auf die Anstellung eines externen DV-Spezialisten wurde aus Kostengründen ebenfalls verzichtet. Die Durchführung des DV-Projektes obliegt dem Autor dieser Arbeit. Entscheidungsträger des DV-Projektes ist die Geschäftsführung. Das Pflichtenheft, die Gewichtung der Auswahlkriterien und die endgültige Entscheidung zugunsten eines Anbieters sind der Geschäftsführung vorzulegen und von dieser zu genehmigen. Im Projektauftrag, der durch die Geschäftsführung formuliert wurde, sind folgende Punkte hinsichtlich der neu anzuschaffenden Standardsoftware festgelegt worden:

- Der Kaufpreis für die Lizenzen der neu anzuschaffenden Standardsoftware soll ca. 35.000 - 40.000 DM betragen,
- die neue Standardsoftware muß bis zum 01.01.2000 im Einsatz sein und die alte Individuallösung abgelöst haben,
- die bereits im Einsatz befindliche Standardsoftware von Lexware soll beibehalten werden,
- die neue Standardsoftware muß mindestens folgende Komponenten umfassen:

1. Fakturierung
2. Provisionsabrechnung
3. Kalkulation
4. Lagerverwaltung
5. Materialdisposition
6. Auftragsbearbeitung

- Die neu zu beschaffende Hardware muß nicht vom gleichen Lieferanten bezogen werden, da das Unternehmen über genügend Möglichkeiten für einen kostengünstigen Bezug von Hardware verfügt. Nach Möglichkeit soll jedoch ein Angebot für die entsprechende Hardware eingeholt werden, falls diese vom Softwarelieferanten bezogen werden kann.
- Ziel des DV-Projektes ist es, eine neue Standardsoftware einzuführen, die die alte Individuallösung ersetzt.
- Der modulare Aufbau der Standardsoftware ist wünschenswert, falls die Kosten der Standardsoftware das vorgegebene Budget wesentlich überschreiten. Dadurch soll dem Unternehmen ermöglicht werden, die benötigten Module gegebenenfalls nach und nach einzuführen, um die finanzielle Belastung des Unternehmens möglichst klein zu halten.
- Auf Individualprogrammierungen soll möglichst verzichtet werden, um die Kosten weitestgehend gering halten zu können. (Bspw. könnte eine Änderung des Modellnummernsystems entsprechend der neuen Standardsoftware vorgenommen werden.)
- Es sollen insgesamt vier Arbeitsplätze geschaffen werden (Dabei kann aus Kostengründen in Erwägung gezogen werden, zunächst nur mit einem Arbeitsplatz zu beginnen).
- Als Betriebssystem soll Windows beibehalten werden.

Als Zeitpunkt für die Einführung wurden die Monate April / Mai ausgewählt, da in diesem Zeitraum die Geschäftstätigkeit erfahrungsgemäß aufgrungrund saisonaler Schwankungen zurückgeht.

4.2 Vorauswahl und Grobbewertung

Um einen Überblick über den derzeitigen Markt für Standardsoftware zu bekommen, wurde zunächst die IHK und der VSI kontaktiert. Des Weiteren wurden die Internetseiten

- http://www.software.de und
- http://www.cwsoftware.de

zur Informationsbeschaffung genutzt. Um einen Überblick über den lokalen Softwaremarkt zu bekommen, wurde die Informationsbroschüre der IHK: "Softwaremarkt Starkenburg - Eine Firmenübersicht" genutzt. Außerdem wurde das von Softwarefirmen im Rahmen von Werbeaktionen zugesandte Werbematerial gesichtet.

Für die Vorauswahl wurden folgende Kriterien zugrunde gelegt:

- Die Systemplattform MS Windows war Grundvoraussetzung für die Vorauswahl.
- Es wurden nur Softwareanbieter für KMU ausgewählt, um Anbieter zu vermeiden, deren Softwareangebote über den im Projektauftrag gesteckten finanziellen Rahmen hinausgehen.
- Branchenprogramme für die Textil- / Bekleidungsindustrie wurden bevorzugt.
- Zusätzlich wurde ein branchenunabhängiges Softwarepaket für Handelsunternehmen zur Grobbewertung kontaktiert.
- Es wurde Wert darauf gelegt, mindestens einen Softwareanbieter aus der näheren Umgebung für die Grobbewertung auszuwählen. (Kostenvorteile gegenüber anderen Softwareanbietern, durch niedrigere Kosten für die Anfahrt bei Schulungsmaßnahmen.)

Als Ergebnis dieser ersten Vorauswahl wurden 7 Softwareanbieter ausgewählt und angeschrieben, um erstes Informationsmaterial von diesen zu erhalten. Im einzelnen handelte es sich dabei um folgende Softwareanbieter:

■ FcM GmbH & Co KG	Soliduteallee 14	70439 Stuttgart
■ PC-Beratung Christian Bürgy	Weinbergstr. 8	69493 Hirschberg
■ SIR GmbH	Togostr. 40b	81827 München
■ Planat GmbH	Schönbergstr. 47	73760 Ostfildern
■ Prodata	Kreuzstr. 34	33602 Bielefeld
Computer-Dienstleistungs GmbH		
■ Impuls GmbH	Dießemerstr. 163	47799 Krefeld
■ SEB GmbH	Badstr. 62	73087 Bad Boll

Die angebotenen Softwarepakete sind Branchenpakete für die Textil- und Bekleidungsindustrie, eine Ausnahme bildet die PC-Beratung Christian Bürgy, welche branchenunabhängige Softwarepakete für Handelsunternehmen anbietet. Die PC-Beratung Christian Bürgy wurde ebenfalls als Softwareanbieter aus der näheren Umgebung ausgewählt.

Das angeforderte Informationsmaterial der Firmen enthielt im einzelnen:

- ein Programmverzeichnis / Modulübersicht der angebotenen Standardsoftware,
- eine Referenzliste und
- eine Preisliste.

Aufgrund der Sichtung des zugesandten Informationsmaterials wurde die Zahl der in Frage kommenden Anbieter reduziert. Die Firma Planat GmbH wurde aus dem Kreis der potentiellen Bewerber ausgeschlossen, da die angebotene Standardsoftware laut Anbieter sich an mittelständische Unternehmen richtet und die Preise für die Lizenzen der angebotenen Standardsoftware, mit über 130.000 DM, weit über den Preisen der anderen Softwareanbieter und dem vorgegebenen Budget lag. Die PC-Beratung Christian Bürgy wurde ebenfalls von der weiteren Evaluation ausgeschlossen, da der Funktionsumfang der angebotenen Standardsoftware nur unzureichend die gestellten Anforderungen an die gewünschte Standardsoftware erfüllt (z.B.: im angebotenen Softwarepaket ist keine Kalkulation vorgesehen) und Individualanpassungen in einem nicht vertretbaren Maße vonnöten wären.

4.3 Ausschreibung

Die im folgenden aufgeführten Seiten entsprechen dem Pflichtenheft (vgl. Abbildung 27), das an die potentiellen Softwarelieferanten geschickt wurde. Das Pflichtenheft wurde in Abstimmung mit der Geschäftsführung entworfen. Die Beantwortung dieses Pflichtenheftes wurde als Basis für die spätere Feinbewertung zugrunde gelegt.

Aufgrund einer ersten Sichtung der ausgefüllten Pflichtenhefte wurde die Firma FCM von der Feinbewertung ausgeschlossen. Da die benötigten Individualanpassungen laut Pflichtenheft circa. 15.000,- DM betragen und die Gesamtkosten für die benötigte Standardsoftware gemäß Pflichtenheft mit ca. 70.000 DM weit über den Angeboten der anderen Anbieter liegen.

Aufgrund der zugesandten Referenzlisten wurde jeweils ein Referenzkunde pro Anbieter kontaktiert. Die Kontaktaufnahme mit den Referenzkunden bestätigte die im Pflichtenheft gemachten Angaben und führte weder zu einer negativen noch zu einer positiven Abänderung der Bewertung im Rahmen der später durchgeführten Nutzwertanalyse (vgl. Kapitel 4.4 (Feinbewertung)).

Bei der Durchführung der Softwaredemonstrationen der Anbieter lag der Schwerpunkt auf der Demonstration der Arbeitsweise der Standardsoftware bei der Verwaltung von Kommissionslagern (mittels Lagernummern), da hier die Anbieter unterschiedliche Lösungen anboten. Die Bewertung dieses Punktes in der Nutzwertanalyse wurde ausschließlich aufgrund der Eindrücke die im Rahmen der Softwaredemonstration entstanden, gemacht

Im Rahmen der Softwaredemonstration wurden auch erste Preisspielräume ausgelotet, und bei der späteren Kosten-Nutzwert-Gegenüberstellung, berücksichtigt.

Pflichtenheft Alcatex GmbH

1. Allgemeine Unternehmensdaten:

- Anschrift: Fa. Alcatex GmbH
                  Kurmarkstr. 25
                  60437 Frankfurt
                  Tel.: 069/77050
                  Fax: 069/770520

- Ansprechpartner: Frank Hanninger
                    Tel.: 069/770516

- Branche: Textil / Bekleidung, Handel

- Marktsegmente: - Damen Oberbekleidung (DOB)
                    (Schwerpunkte: Jacken und Mäntel)
                  - Dessous

- Größe: 15 Mitarbeiter

2. Ist-Zustand der Arbeitsgebiete

- Software liegt für folgende Gebiete vor:

  ■ Finanzbuchhaltung von Lexware Version 3.1

  ■ Zusätzlich wird auf vier nicht miteinander vernetzten Computer das
    MS-Office Paket eingesetzt, mit dem Werbebriefe, Versandpapiere und
    Etiketten erstellt werden.

  ■ Für die Kalkulation, Fakturierung, Materialbedarfsrechnung und Provisions-
    abrechnung wird eine 15 Jahre alte Individualsoftware verwendet, die in den
    letzten Jahren nicht mehr weiter entwickelt worden ist und den gestellten
    Anforderungen nicht mehr entspricht.

- Vorhandene Hardware:

  ■ 1x Pentium 60, 16 MB RAM,   1 GB Festplatte, 17`` Monitor
  ■ 1x 486 DX 2,   8 MB RAM, 420 MB Festplatte, 15`` Monitor
  ■ 2x 386 SX,   4 MB RAM, 170 MB Festplatte, 14`` Monitor

- Drucker: - HP Deskjet 600C, 690C, 694C
             ■ brother M - 1824

- Sonstiges: - Die Datenfernübertragung mittels ISDN ist möglich

Pflichtenheft Alcatex GmbH

• Mengengerüst:

- Anzahl Firmen: 1
- Anzahl Mitarbeiter: 15
- Umsatz: 1,5 Mio. DM
- Anzahl Kunden: 100
- Anzahl Artikel-Lieferanten: 80
- Anzahl Lieferanten insgesamt: 100
- Anzahl Vertreter: 10
- Anzahl Exportländer: 5
- Anzahl Kollektionen: 6 pro Jahr
- Anzahl Modelle 200 pro Jahr
- Anzahl der Modell-Änderungen: 80%
- $\varnothing$ Anzahl der Farben pro Modell: 6
- Max. Anzahl der Farben pro Modell: 12
- $\varnothing$ Anzahl der Qualitäten pro Modell: 2
- Max. Anzahl der Qualitäten pro Modell: 6
- Anzahl der Größenraster: 6
- Anzahl der Jahresaufträge: 300
- $\varnothing$ Positionszahl pro Auftrag: 3
- Anzahl der Wareneingänge 500
- $\varnothing$ Positionszahl pro Wareneingang: 3
- Anzahl Rechnungen und Gutschriften: 900 pro Jahr

3. Zielsetzungen:

• Die vorhandene Individualsoftware soll durch eine Standardsoftware abgelöst   KO
  werden, die den Anforderungen der Euro-Umstellung gerecht wird und welche
  die Umstellung auf das Jahr 2000 ohne Probleme bewältigt.
• Wir legen Wert auf ein integriertes Branchenpaket auf der Basis einer nicht
  herstellergebundenen Datenbank, die im Rahmen des Wartungsvertrages auch
  weiterentwickelt wird.
• Die Unterstützung des Marketings durch Aufbau und Pflege einer Kunden-und
  Interessentendatei, Anfertigung von Serienbriefen.
• Die Lagerüberwachung durch eine Verfügbarkeitskontrolle soll durch das Paket
  unterstützt werden.
• Die automatische Provisionsabrechnung bei der Rechnungserstellung.
• Weitergabe der Daten bei der Fakturierung an die Finanzbuchhaltung.
• Errechnung des Materialbedarfs anhand eines Auftrages (bei passiver Lohnver-
  edelung und Lohnarbeit).
• Berechnung von Statistiken: Umsätze gegliedert nach Vertretern, Kunden, Mo-
  dellen etc.

- Unterstützung des Kommissionsgeschäftes durch Druck von Kommissionslieferscheinen, Kommissionsgutschriften bei Rückgabe, Verwaltung der Kommissionslager.
- Unterstützung der Auftragsbearbeitung (bei Fertigwaren) durch Zuordnung der Lieferanten zu einem Auftrag und automatischer Erstellung der Bestellung beim jeweiligen Lieferanten sowie Erstellung der Auftragsbestätigung.
- Unterstützung der Auftragsbearbeitung durch Suchfunktion in den unterschiedlichen Lagern nach bestellter Ware.

4. Anforderungen an die Anwendungssoftware:

- Das Softwarepaket sollte die Besonderheiten der Branche berücksichtigen, auch wenn diese nicht explizit bei den Anforderungen aufgezählt werden.
- Der sukzessive Erwerb der Standardsoftware ist durch den Kauf einzelner Module vorgesehen.

- Erforderliche Programme

1. Stammdaten	KO
2. Fakturierung inklusive Provisionsabrechnung	KO
3. Kalkulation	KO
4. Lagerverwaltung	KO
5. Materialbedarfsrechnung für die passive Lohnveredelung	KO
6. Auftragsabwicklung	

1. Stammdaten

- Firmenstamm
  ■ Rechnungs- und Gutschriftsnummernkreise können festgelegt werden.

- Vertreterstamm
  ■ Verwalten der Vertreterinformationen
    - Adressen,
    - Provosionssätze variabel je nach Kunde und Kollektion,
    - Planvorgaben etc.
  ■ Zuordnung von Vertretern zu Verkaufsgebieten
    - Ein Verkaufsgebiet kann von einem oder mehreren Vertretern geführt werden.

Pflichtenheft Alcatex GmbH

- Kundenstamm
  - Verwalten von allgemeinen Kundeninformationen (Adressen, Kundengruppen, Konditionen, Matchcode (Ort + Name) etc.
  - Verwalten von Finanzbuchhaltungs-Kundeninformationen
  - Zuordnung von beliebig vielen Versandadressen
  - Verwalten von Ansprechpartnern (auch je Produkt / Kollektion möglich)
  - Übergabe der Daten in die Finanzbuchhaltung (keine doppelte Datenpflege)
  - Getrennte Zuordnung von Rechnungs- und Lieferadresse

- Lieferantenstamm
  - Verwalten von allgemeinen Lieferanteninformationen (Adressen, Ansprechpartner, Lieferzeiten, Konditionen, Matchcode (Ort + Name) etc.)

- Artikelstamm
  - Die firmeninterne Artikelnummer ist neunstellig:
    - Die ersten fünf Stellen identifizieren die Artikelbezeichnung
    - die sechste und die siebte Stelle die Qualität
    - die achte und die neunte Stelle die Farbe
  - Zuordnung der Artikelnummer des Kunden
  - Zuordnung der Artikelnummer des Lieferanten (bei Import von Fertigwaren)
  - Zuordnung der Artikel zu den Kollektionen
  - Zuordnung mehrerer Teile zu einem Artikel
  - Zuordnung Exklusivrecht eines Artikels für einen Kunden
  - Zuordnung von Verkaufsfarben und Größenraster (Verkaufsraster)
    - Größenraster Herren von 44 - 72, Kurzgrößen: 22 - 36.
    - Größenraster Damen von 34 - 66, Kurzgrößen: 17 - 33.
    - sowie XS, S, M, L, XL, XXL, XXXL
  - Zuordnung von Größen mit mindestens 7 Stellen (z.B.: 128/130)
  - Zuordnung verschiedener Preislisten (je nach Kunde)
  - Zuordnung von Kennzeichen für Erzeugung von Etiketten (z.B.: Kundenetiketten)
  - Zuordnung zu Verkaufssets, Ausliefersets und Sortimenten
  - Zuordnung von Pflegesymbolen
  - Zuordnung von EAN-Codes
  - Zuordnung von Lieferanten bei Handelsware mit ergänzenden Angaben (z.B.: Lieferzeit)
  - Zuordnung von Lieferterminen Inland / Ausland

Pflichtenheft Alcatex GmbH

- Allgemeine Tabellen / Schlüssel
  - ■ Über die Standarddaten hinaus können allgemeine Stammdaten variabel angelegt werden, wie bspw.: Währung, MWSt, Länder, Skonti, Liefer- und Zahlungsbedingungen.

2. Fakturierung inklusive Provisionsabrechnung

- Es muß eine Schnittstelle von der Fakturierung zur Finanzbuchhaltung von   KO
  Lexware Version 3.1 geschaffen werden.
- Bei der Fakturierung muß eine Sofortfakturierung und eine Sammelfakturierung möglich sein.
- Die Erstellung von Rechnungen, Pro-forma-Rechnungen, Musterrechnungen, Kommissionslieferschein, Kommissionsgutschrift bei Rückgabe und Packlisten sind zu fördern.
- Eine Abwicklungsmöglichkeit für Gutschriften und Preisermäßigungen (artikel- und kundenbezogen) muß möglich sein.
- Die Fakturierung muß artikel- und kundenbezogene Rabatte berücksichtigen.
- Bei der Rechnungserstellung müssen die Provisionen errechnet und an die Finanzbuchhaltung weitergegeben werden.
- Die Provisionen werden als Prozentsatz vom reinen Warenwert berechnet. (Bruttoumsatz abzüglich MwSt. und Versandkosten)
- Eine Berechnung von Unterprovisionen (Vertreter ist prozentual am Umsatz des Untervertreters beteiligt) muß realisierbar sein.
- Erstellung von Umsatzstatistiken nach Vertreter, Kunde, Modell, Monat etc. ist erforderlich.

3. Kalkulation

- Kalkulation Fertigwaren
- Kalkulation passive Lohnveredelung (keine zeitbezogene Kalkulation). (Kalkulation anhand des Materialverbrauchs und der Ferigungskosten des Lohnbetriebes.)
- Automatische Berechnung von Übergrößenzuschlägen von 10%
  - ■ bei Damen ab Größe 48 (bei Kurzgrößen ab 24)
  - ■ bei Herren ab Größe 56 (bei Kurzgrößen ab 28)
  - ■ sowie ab XL
  - ■ Für die jeweils zwei nächsten Größe wird nochmals ein Preiszuschlag von 10 % fällig.
- Differenzierte Zuschlagskalkulationen für Provisionen.
- Ermittlung der kalkulierten EK-Preises, aufgrund eines vorgegebenen VK-Preises.
- Berechnung von Deckungsbeiträgen aufgrund der Verkaufspreislisten.
- Berechnung von Mengenrabatten.
- Berechnung des Materialbedarfs aufgrund eines Auftrages.
- Getrennte Berechnung und Verwaltung von Preisen für Muster.

4. Lagerverwaltung

- Verwaltung von Kommissionslagern beim Kunden.
- Möglichkeit der Verwaltung von mehreren Kommissionslagern
  bei einem Kunden.
  - Jedes Kommissionslager hat die dort befindliche Ware mit einem laufenden
    Nummernsystem (Lagernummer) durchnummeriert.
  - Bei Verkäufen wird nur die Lagernummer angegeben.
  - Die Identifizierung eines Artikels muß anhand dieser Lagernummer
    möglich sein.
- Möglichkeit von Umbuchungen (von Lager A nach Lager B).
- Möglichkeit der Auflistungen von Bestandslisten der einzelnen Lager
  (mit und ohne Bewertung).
- Suchfunktion für die Suche nach einem bestimmten Artikel in allen Lagern.
- Zuordnung eines EAN-Codes für eigene Ware.
- Verwaltung eines eigenen Kommissionslagers
  (Unternehmen ist Kommissionsnehmer).
  - Bestandsaufnahme mittels EAN-Code.
  - Automatische monatliche Abrechnung aufgrund der getätigten Verkäufe.
  - Automatische Lieferscheinerstellung bei Rückgabe der Kommissionsware.

5. Materialbedarfsrechnung

- Aufbau und Änderungsdienst, Materialbedarf eines Artikels.
- Berechnung des gesamten Materialbedarfs für einen Auftrag
  (auch über mehrere Artikel).
- Bedarfsermittlung aufgrund eines Auftrages und Vorgabe des Material-
  bestandes (eine Lagerverwaltung für Rohmaterialien ist nicht notwendig).
  Materialbedarfsrechnung für einzelne Materialsorten und Farben.

6. Auftragsbearbeitung

- Anlegen eines Lieferanten-Adreßbuch nach verschiedenen Sortierungen
  (z.B.: Artikel).

- Zuordnung von Auftragstypen (Musterauftrag, Hauptauftrag, Nachbestellung,
  Block, Sofortauftrag).

- Auftragsbestätigung drucken.

- Automatische Bestellnummernvergabe.

- Zuordnung der unterschiedlichen Lieferanten (von Fertigware)
  zu einem Auftrag.
  - Zuordnung von einem oder mehreren Artikeln zu einer Bestellung.
  - Zuordnung Bestelldaten (Bestelldatum, Menge, Preis,
    Termin, Währung, Liefertermin).
  - Zuordnung Lieferantenpreislisten.
  - Zuordnung der Artikelnummern des Lieferanten.

- Drucken der Bestellaufträge (nach Vorgabe des Anwenders) mit Maßtabelle.

- Abfrage des Lieferstatus:
  - welcher Kunde hat welchen Lieferstatus ?
  - welcher Auftrag wurde wann mit welcher Lieferung bedient?
  - welche Artikel wurden noch nicht geliefert ?
  - wann wird die ausstehende Menge geliefert ?

- Erstellung von Preislisten:
  - kundenbezogene Preislisten,
  - lieferantenbezogene Preislisten,
  - Preislisten in unterschiedlichen Währungen,
  - lieferbare Farben, Qualitäten.

5. Hardware / Systemsoftware

- Welche Anforderungen werden an die zukünftige Hardwareumgebung gestellt ?

- Workstation / Server:
  Welche Minimalforderungen werden an den Client / Server gestellt:
  - Prozessor ?
  - Arbeitsspeicher ?
  - Festplatte ?
  - Grafikkarte ?
  - Netzwerkkarte ?
  - Betriebssystem ?
  - Diskettenlaufwerk / CD-Rom / Streamer ?

- Welche Drucker und welche Scanner werden empfohlen ?

- Welche Screenfläche benötigen eventuell neu anzuschaffende Monitore ?

- Wir bitten um gleichzeitige Abgabe eines Angebotes für die benötigte
  Hardware. Falls dies nicht möglich ist, bitten wir um Empfehlung eines
  Herstellers / Lieferanten.

- Die angebotene Standardsoftware soll unter dem Betriebssystem Windows laufen.(Windows 95, 98 oder NT und zukünftige)

6. Anforderungen an die Lieferfirma / allgemeine Anforderungen:

- Wann wurde Ihr Unternehmen gegründet ?
- Wieviele Mitarbeiter sind in Ihrer Firma beschäftigt ?
- Wieviel Mitarbeiter Ihrer Firma waren an der Entwicklung der Standardsoftware beteiligt ?
- Welche Softwaremodule werden in absehbarer Zeit überarbeitet oder noch fortentwickelt ?
- Wann war das Jahr der Erstinstallation der angebotenen Standardsoftware ?
- Wieviele Installationen der angebotenen Standardsoftware gibt es bereits ?
- Wann war die letzte Versionsänderung der angebotenen Standardsoftware ?
- Wie häufig finden Versionsänderungen statt ?

7. Wartung und Dokumentation:

- Welche der folgenden Leistungen werden durch das von Ihnen offerierte Softwarepaket inkl. Wartungsvertrag abgedeckt und welche Leistungen sind gegen Aufpreis zu erwerben ?

  - Teachware ?
  - Schulungsunterlagen ?
  - Anwenderdokumentation ?
  - Online-Dokumentation ?
  - Unterstützung bei der Installation (Umfang und Art) ?
  - Unterstützung bei der Programmanpassung (Umfang und Art) ?
  - Hotline-Service ?
  - Welche weiteren, hier nicht aufgeführten zusätzlichen Serviceleistungen werden durch die Standardsoftware (inkl. Wartungsvertrag) abgedeckt ?
  - Wieviel Updates pro Jahr sind im Wartungsvertrag enthalten ?
  - Ist in dem Hardwareangebot ein Vor-Ort-Service eingeschlossen ? (Nur bei Abgabe eines Hardwareangebotes zu beantworten)

8. Kosten

- Es sind insgesamt vier Arbeitsplätze geplant. Sollte für jeden Arbeitsplatz eine zusätzliche Gebühr zu den Kosten der Softwarelizenz anfallen, so bitten wir, diese gesondert aufzuführen.

  - Kaufpreis für die Module, entsprechend der im Pflichtenheft aufgeführten Anforderungen (Angabe des Kaufpreises für jedes einzelne Modul, falls diese getrennt gekauft werden können)
  - Eventuelle zusätzliche Kosten für die Datenbank (Wenn ja, in welcher Höhe ?)
  - Kosten für die Installation
  - Kosten für die Rechnerkonfiguration und die verschiedenen Peripheriegeräte
  - Schulungskosten pro Tag (Wieviele Schulungstage werden empfohlen ?)
  - Kosten der Schnittstellenanpassung zum Altprogramm Lexware
  - Kosten für eventuell nötige Individualprogrammierungen
  - Kosten für das Betriebssystem
  - Wartungskosten pro Jahr
  - Kosten für die Hardware (Für 1,2,3 oder 4 Arbeitsplätze)
  - Sonstige Kosten

- Bitte fügen Sie dem ausgeführten Pflichtenheft eine Liste mit Referenzanwendern bei, die eine aktuelle Version der angebotenen Software benutzen (falls dies nicht schon Teil der von Ihnen zugesandten Informationsbroschüre war).

Abbildung 27: Pflichtenheft zur Softwarebeschaffung

4.4 Feinbewertung

Aufgrund der Beantwortung des Pflichtenheftes, der Softwaredemonstration, der Beschreibung der Programmfunktionen des angebotenen Softwarepaketes und der Kontaktierung eines Referenzkunden, bei dem die angebotene Standardsoftware bereits installiert wurde, wird nun eine Feinbewertung durchgeführt. Für die Feinbewertung wurde eine Nutzwertanalyse nach der Gewichtsfaktorenmethode durchgeführt, mit einer getrennten Betrachtung der Kosten im Rahmen einer Kosten / Nutzwert-Gegenüberstellung im Anschluß an die Nutzwertanalyse (vgl. Kapitel 3.2.5.4)

Für die Nutzwertanalyse wurde zunächst ein Kriterienkatalog, analog zur Gliederung im Pflichtenheft, erstellt, der sich in 3 Hauptkriterien unterteilt:

■ anwendungsbezogene Kriterien,
■ anbieterbezogene Kriterien und
■ wartungs- und dokumentationsbezogene Kriterien.

Auf eine Berücksichtigung der hardwarebezogenen Kriterien wurde verzichtet, da bereits ein günstiger Hardwarelieferant zur Verfügung steht. Eine weitere Unterteilung der Hauptkriterien in Unterkriterien wurde nur bei den anwendungsbezogenen Kriterien vorgenommen, da eine generelle Bewertung der im Pflichtenheft detailliert formulierten Anforderungen an die Standardsoftware zu ungenau wäre.

Bei den Unterkriterien Stammdaten, Lagerverwaltung und Auftragsbearbeitung wurde eine weitere Unterteilung in Teilkriterien vorgenommen, um die dortigen Unterschiede zwischen den angebotenen Softwarepaketen, die im Detail liegen, genauer bewerten zu können.

Zur Bestimmung der relativen Gewichte wurde das Direct-Ratio-Verfahren (vgl. Kapitel 3.2.5.4) benutzt. Die Gewichtung der Kriterien wurde mit der Geschäftsführung abgestimmt.

Die Ausprägungen des Nutzwertes in Form einer Bewertungsskala wurde analog zum Indexleiter in Kapitel 3.2.5.4 vorgenommen.

Bei der Punkteverteilung (vgl. Abbildung 28) wurden die Kriterien auf der untersten Ebene bewertet. Erfolgte keine Unterteilung, wie bei den anbieterbezogenen Kriterien, wurde nur das Hauptkriterium bewertet. Bei unterteilten Kriterien wurde die Bewertung des übergeordneten Kriteriums aus der Bewertung der jeweils untergeordneten Kriterien errechnet.

Kriterien	rel. Gewicht	abs. Gewicht	Prodata	Impuls	SEB
1. Anwendungsbezogene Kriterien		80 %	**5,299**	**4,782**	**5,77**
1.1 Stammdaten	*20 %*	*16 %*	5,5	5,83	6
1.1.1 Firmenstamm	16,67 %	2,67 %	6	6	6
1.1.2 Vertreterstamm	16,67 %	2,67 %	5	6	6
1.1.3 Kundenstamm	16,67 %	2,67 %	5	6	6
1.1.4 Lieferantenstamm	16,67 %	2,67 %	6	6	6
1.1.5 Artikelstamm	16,67 %	2,67 %	5	5	6
1.1.6 Allgemeine Tabellen / Schlüssel	16,67 %	2,67 %	6	6	6
1.2 Fakturierung inkl. Provisionsabrechnung	*18 %*	*14,4 %*	5	6	5
1.3 Kalkulation	*18 %*	*14,4 %*	5	6	6
1.4 Lagerverwaltung	*18 %*	*14,4 %*	4,8	1,2	6
1.4.1 Verwaltung von Kommissionslagern beim Kunden (mittels Lagernummern)	80 %	11,52 %	5	0	6
1.4.2 Verwaltung eines eigenen Kommissionslagers (mittels EAN-Code)	20 %	2,88 %	4	6	6
1.5 Materialbedarfsrechnung für die passive Lohnveredelung	*16 %*	*12,8 %*	6	4	6
1.6 Auftragsbearbeitung	*10 %*	*8 %*	5,75	6	5,5
1.6.1 Zuordnung der unterschiedlichen Lieferanten (von Fertigwaren) zu einem Auftrag	25 %	2 %	5	6	5
1.6.2 Abfrage des Lieferstatus	25 %	2 %	6	6	6
1.6.3 Erstellung von Preislisten	25 %	2 %	6	6	6
1.6.4 Sonstige unter diesem Punkt im Pflichtenheft aufgeführte Anforderungen	25%	2 %	6	6	5
2. Anbieterbezogene Kriterien		15 %	**4**	**5**	**4**
3. Wartung und Dokumentation		5 %	**6**	**5**	**5**
Nutzwert der einzelnen Alternativen			**513,92**	**482,56**	**546,6**

Abbildung 28: Bewertung der alternativen Softwarepakete

Aufgrund der Nutzwertanalyse konnte nun festgestellt werden, daß das Softwarepaket der SEB GmbH die gestellten Anforderungen am ehesten erfüllt (vgl Abbildung 29: Nutzwert der einzelnen Alternativen).

Da den Kosten eine große Bedeutung beigemessen wurde, werden die Ergebnisse der Nutzwertanalyse nun den Kosten gegenübergestellt. Die Kosten (für 4 Arbeitsplätze) der 3 bewerteten Softwarepakete schlüsseln sich laut Angebot der Softwarehersteller (auf der Grundlage des Pflichtenheftes) wie folgt auf:

■ SEB GmbH:

■ Grundmodul:	30.000,- DM

- ■ Stammdatenverwaltung,
- ■ Kalkulation,
- ■ Auftragsabwicklung,
- ■ Versandabwicklung,
- ■ Fakturierung,
- ■ Lagerverwaltung,
- ■ Bestellwesen,
- ■ Retouren,
- ■ Provisionsabrechnung.

■ Materialwirtschaft/Fertigung :	15.000,- DM

- ■ Stücklistenverwaltung,
- ■ Bedarfsrechnung,
- ■ Bestandsrechnung,
- ■ Materialdisposition,
- ■ Bestellwesen,
- ■ Fertigungsaufträge (Lohnfertigung und Eigenfertigung),
- ■ Fertigungsüberwachung (Lohnbetriebe),
- ■ Warenablieferung (mehrere Lager),

- Kosten Schnittstelle Lexware	3.500,- DM
Gesamt-Kosten:	**48.500,- DM**
■ Wartungsgebühren 1% des Lizenzpreises pro Monat:	450,- DM / Monat
■ Tagessatz für Programmierung, Schulung und Einarbeitung	1.450,- DM / Tag

■ Impuls GmbH :

■ Kosten Software (Win Wear)	42.000,- DM
(Der Kauf einzelner Module ist nicht möglich)	
■ Kosten Schnittstelle Lexware	3.200,- DM
■ Kosten Middleware	4.375,- DM
Geasmt-Kosten:	**49.575,- DM**

- Wartungsgebühren (WinWear + Middleware)   593,- DM / Monat
- Tagessatz für Schulung, Parametrierung, Installation etc.   1.600,- DM / Tag

■ Prodata GmbH :

- Software Basispaket (Prodress NT)   12.000,- DM
  (Der Kauf einzelner Module ist nicht möglich)
- Lizenz für 4 Arbeitsplätze (Prodress NT)   13.200,- DM
- Kosten Middleware   4.725,- DM
- Kosten Schnittstelle Lexware   2.560,- DM

Gesamt-Kosten: **32.485,- DM**

- Wartungsgebühren (1,2 % pro Monat vom Verkaufspreis)   389,82 DM / Monat
- Tagessatz für Schulung, Einweisung etc.   1.280,-   DM / Tag

Die von Impuls angebotene Standardsoftware wird bei der Kosten-Nutzwert-Gegenüberstellung nicht berücksichtigt, da das angebotene Softwarepaket den niedrigsten Nutzwert und den höchsten Preis der drei miteinander verglichenen Softwareangebote aufweist. Für die beiden verbliebenen Softwarepakete wird eine Kostenwirksamkeitsanalyse (vgl. Kapitel 3.2.5.4) durchgeführt.

- Prodata: 32.485 DM / 513,92 Nutzwert = 63,21 DM / Nutzwert
- SEB :   48.500 DM / 546,6 Nutzwert = 88,73 DM / Nutzwert

Die Kostenwirksamkeitsanalyse hat ergeben, daß das Preis- / Leistungsverhältnis der angebotenen Standardsoftware von Prodata besser ist, als die Standardsoftware von SEB. Aufgrund des eindeutigen Ergebnisses der Kostenwirksamkeitsanalyse fällt die Entscheidung für die neue Standardsoftware zugunsten des Angebots der Firma Prodata. Die niedrigeren Wartungsgebühren und Tagessätze für die Schulung, die bei der Kostenwirksamkeitsanalyse noch nicht berücksichtigt wurden, bestätigen dieses Ergebnis. Des Weiteren ist festzustellen, daß das Angebot von Prodata bei der Nutzwertanalyse einen niedrigeren Wert aufweist, als das Angebot von SEB, aber dennoch alle Anforderungen des Pflichtenheftes zur Zufriedenheit der Geschäftsleitung erfüllt wurden. Außerdem erlauben es die Gesamtkosten (vgl. Projektauftrag) der Software, alle erforderlichen Programme einzuführen, ohne das für die Softwarelizenzen vorgegebene Budget zu überschreiten (bei der Firma SEB wäre aufgrund der Kosten eine sukzessive Einführung bevorzugt worden) .

5   Schlußbetrachtung

Grundsätzlich wurde die vorliegende Arbeit zunächst vom theoretischen Standpunkt aus geschrieben. Es wurden unterschiedliche Phasenmodelle vorgestellt und ihre nur bedingte Einsatzfähigkeit zur Einführung und Auswahl von Standardsoftware festgestellt. Im Hauptteil der Arbeit wurde ein Vorgehensmodell entwickelt, daß die Schwachstellen der vorgestellten Phasenmodelle vermeidet, und das den Anspruch erhebt, KMU bei der Auswahl und Einführung einer neuen Standardsoftware als Leitfaden zu dienen. Konkrete Anwendung findet das Phasenmodell schließlich im letzten Teil der Arbeit, in welchem für ein Kleinunternehmen eine neue Standardsoftware ausgewählt wird. Dabei wurde der Projektauftrag, das Pflichtenheft und die Feinauswahl gemäß den unter Kapitel 3.2. gemachten Ausführungen erstellt und als Ergebnis in Kapitel 4 dargelegt. Ziel dieses Kapitels war es, ein konkretes Pflichtenheft darzustellen, da dessen Formulierung sicherlich den Schwerpunkt jeder Softwareauswahl bildet.

Die Erfahrungen während dieser praktischen Arbeit haben gezeigt, daß die am Markt verfügbare Standardsoftware die Anforderungen eines Kleinunternehmen, erfüllen kann. Branchenspezifische Anforderungen, die nicht in allen Unternehmen üblich sind, wie beispielsweise die Lagerverwaltung mittels Lagernummern (vgl. Kapitel 4.2), können von vielen Softwareanbietern jedoch nur mit individuellen Anpassungen und unverhältnismäßig teuren individuellen Erweiterungen erfüllt werden. Zu den anfänglich niedrigen Kosten für die Softwarelizenz summieren sich die Individualanpassungen und Erweiterungen teilweise bis zu 40% der letztendlichen Gesamtkosten.
Oftmals wurden auch gewünschte Funktionen als abgedeckt bezeichnet, bei denen sich später herausstellte, daß dies in der gewünschten Form nicht der Fall war. Eine Softwaredemonstration ist aus diesem Grund bei jeder Standardsoftwareauswahl unverzichtbar, um eine Überprüfung der gewünschten Funktionalitäten durchzuführen. Die Notwendigkeit der Prüfung ist nicht zuletzt deshalb von Bedeutung, da sich der Anwender mit dem Ankauf einer neuen Standardsoftware über viele Jahre hinaus vollständig an den Lieferanten der Standardsoftware bindet.
Eine weitere kritische Betrachtung gilt den im Wartungspaket enthaltenen Versionswechseln. Versionswechsel von Standardprodukten bieten nicht nur neue, erwünschte Möglichkeiten zur Verbesserung der Software. Wenn sich die Neuerungen auf Eigenschaften beziehen, die bei der Entscheidung für das Produkt eine eher untergeordnete Rolle spielten, können Versionswechsel durch neue Fehler in Programmen oder Organisationslösungen den Ablauf im Betrieb eher stören als positiv verändern. Als Gegenreaktion auf einer bestimmten Version zu bestehen, an die sich der Anwender gewöhnt hat, birgt aber auch die Gefahr, daß dieser sich von der Zukunftsentwicklung abkoppelt oder der Lieferant seine Wartungsverpflichtung aufkündigt.

Die Gespräche mit den potentiellen Softwarelieferanten haben gezeigt, daß viele Unternehmen aufgrund der Wettbewerbssituation in vieler Hinsicht auch zu Kompromissen bereit sind. Dies betrifft nicht nur die Kosten, sondern auch die Bedingungen im Wartungsvertrag. Es empfiehlt sich, die zunächst vom Softwarelieferanten als gegebene Bedingungen formulierten Kosten und Wartungsverträge zu hinterfragen, zumal der Softwaremarkt genügend Alternativen bietet, um jederzeit andere Softwareanbieter zu kontaktieren und mit diesen eine Geschäftsverbindung einzugehen.

Literaturverzeichnis

Balzert, H.: Die Entwicklung von Software-Systemen. Mannheim u.a. 1982.

Born, A.: Software aus Komponenten soll Wartung erleichtern und Funktionalität erhöhen. In: Computer-Zeitung 29 (1998) 18, S.: 20.

Grupp, B.: EDV-Pflichtenheft zur Hardware- und Softwareauswahl. Köln 1995.

Grupp, B.: Standardsoftware richtig auswählen und einführen. Wuppertal 1994.

Hansen, H. R.: Witschaftsinformatik I. Stuttgart 1992.

Jochem, M.: Einführung integrierter Standardsoftware: ein ganzheitlicher Ansatz. Frankfurt 1998.

Kirchmer, M.: Geschäftsprozeßorientierte Einführung von Standardsoftware. Wiesbaden 1996.

Malzer, M.: Der Softwarevertrag. Köln 1991.

Mugler, J.: Betriebswirtschaftslehre der Klein- und Mittelbetriebe. Wien u.a. 1993.

o.V.: DV-Nachholbedarf macht Mittelstand interessant. In: Computer-Zeitung 29 (1998) 16, S.: 25.

o.V.: Für den Mittelstand gibt es oft gute Alternativen von kleinen Firmen. In: Computer-Zeitung 29 (1998) 34, S.: 19.

o.V.: V-Modell-Browser. Das Vorgehensmodell. In: http://www.scope.gmd.de/ vmodel/vm. intro.html vom 27.01.99.

Priemer, J.: Entscheidungen über die Einsetzbarkeit von Software anhand formaler Modelle. Sinzheim 1995.

Scheer, A.-W.: Architektur integrierter Informationssysteme. Berlin u.a. 1992.

Scheer, A.-W.: ARIS-Modellierungsmethoden, Metamodelle, Anwendungen. Berlin u.a. 1998.

Scheer, A.-W.: ARIS-Vom Geschäftsprozeß zum Anwendungssystem. Berlin u.a. 1998.

Scheer, A.-W.: EDV-orientierte Betriebswirtschaftlehre. Berlin u.a. 1990.

Scheer, A.-W.: Wirtschaftsinformatik: Referenzmodelle für Geschäftsprozesse. Berlin u.a. 1998.

Schmidt, G.: Informationsmanagement - Modelle, Methoden, Techniken. Berlin u.a. 1996.

Stadelmann, M.: Informationstechnologie als Hilfsmittel der Führung in Klein- und Mittelunternehmen (KMU). Stuttgart, Wien 1996.

Stahlknecht, P.: Einführung in die Wirtschaftsinformatik. Berlin u.a. 1993.

Von Soest, K.-W.: Einsatz von Standardsoftware zur Unterstützung von Planung und Kontrolle im Absatzbereich bei kleinen und mittleren Unternehmen. Bern 1986.

Weber, U.: Entwurf von Informationssystemen auf der Basis integrierter Unternehmensmodelle. Aachen 1998.

Wesseler, B.: SAP–Wettbewerber haben in Zukunft gute Karten. In: Computer-Zeitung 29 (1998) 3, S.: 21.

Diplomarbeiten Agentur

Die Diplomarbeiten Agentur vermarktet seit 1996 erfolgreich
Wirtschaftsstudien, Diplomarbeiten, Magisterarbeiten, Dissertationen
und andere Studienabschlußarbeiten aller Fachbereiche und Hochschulen.

Seriosität, Professionalität und Exklusivität prägen unsere Leistungen:

- Kostenlose Aufnahme der Arbeiten in unser Lieferprogramm
- Faire Beteiligung an den Verkaufserlösen
- Autorinnen und Autoren können den Verkaufspreis selber festlegen
- Effizientes Marketing über viele Distributionskanäle
- Präsenz im Internet unter **http://www.diplom.de**
- Umfangreiches Angebot von mehreren tausend Arbeiten
- Großer Bekanntheitsgrad durch Fernsehen, Hörfunk und Printmedien

Setzen Sie sich mit uns in Verbindung:

Diplomarbeiten Agentur
Dipl. Kfm. Dipl. Hdl. Björn Bedey –
Dipl. Wi.-Ing. Martin Haschke ——
und Guido Meyer GbR ————

Hermannstal 119 k ————
22119 Hamburg ————

Fon: 040 / 655 99 20 ————
Fax: 040 / 655 99 222 ————

agentur@diplom.de ————
www.diplom.de ————